Daniela Matijević

MIT DER HÖLLE HÄTTE ICH LEBEN KÖNNEN

Als deutsche Soldatin im Auslandseinsatz

HEYNE‹

Hinweis:
Manche Personennamen wurden zum Schutz
der betreffenden Personen geändert.

Bildnachweis:
Alle Fotos stammen aus dem Privatarchiv der Autorin,
mit Ausnahme von Seite 1: © Kay Blaschke.
Trotz intensiver Bemühungen gelang es dem Verlag in einigen Fällen nicht,
mit dem Rechteinhaber des jeweiligen Fotos Kontakt aufzunehmen.
Der Verlag bittet diesen oder eventuelle Rechtsnachfolger, sich mit ihm
in Verbindung zu setzen. Er verpflichtet sich, rechtmäßige Ansprüche
nach den üblichen Honorarsätzen zu vergüten.

FSC
Mix
Produktgruppe aus vorbildlich
bewirtschafteten Wäldern und
anderen kontrollierten Herkünften
Zert.-Nr. SGS-COC-001940
www.fsc.org
© 1996 Forest Stewardship Council

Verlagsgruppe Random House FSC-DEU-0100
Das für dieses Buch verwendete FSC-zertifizierte Papier *EOS*
liefert Salzer, St. Pölten.

Mitarbeit und Lektorat: Angela Troni

Copyright © 2010 by Wilhelm Heyne Verlag, München,
in der Verlagsgruppe Random House GmbH
www.heyne.de
Umschlaggestaltung: Hauptmann und Kompanie Werbeagentur, Zürich
Umschlagfoto: privat (Porträt); © picture-alliance/dpa (Kosovo-Dorf)
Redaktion: Adam Olschewski
Satz: EDV-Fotosatz Huber/Verlagsservice G. Pfeifer, Germering
Druck und Bindung: GGP Media GmbH, Pößneck
Printed in Germany 2010

ISBN: 978-3-453-17072-8

Für meinen Neffen Nikolas und meine Nichte Viktoria Hackel
»Ihr bringt Farbe in mein Leben …«

Angst ist wie ein Zeuge Jehovas.
Sie kommt ungebeten,
bleibt länger, als du es ertragen kannst,
und raubt dir den letzten Nerv.

Prolog

Autoreifen. Die Luft ist durchdrungen von dem Geruch nach Autoreifen. Sinne raubend, alles betäubend und überdeckend. Die Hitze zerrt an meinen ohnehin schon zum Zerreißen gespannten Nerven und lässt sie, in der Erwartung des Schlimmsten, ungeduldig vibrieren.

»Hier! Ich hab was gefunden!«

Eine Pause entsteht, dann presst mein Kamerad hervor: »Oh mein Gott!«

Ein kurzer Moment der Stille. Dann höre ich, wie er sich geräuschvoll übergibt.

Meine Sinne, meine Vernunft, meine Angst, alles warnt mich, nicht weiterzugehen. Hormone fluten meinen Körper, der Drang zu fliehen wird übermächtig – gleichzeitig zwingt mich etwas, mich dem Ort des Schreckens zu nähern. Ich werde fast zerrissen von einer perversen Ambivalenz, die von uns Besitz ergreift, wenn wir etwa auf der Autobahn an einem schweren Unfall vorbeifahren: Man will eigentlich gar nicht hinschauen, kann den Blick aber nicht abwenden, und am Ende *muss* man dem Grauen ins Gesicht sehen …

Langsam, fast automatisch, schiebt sich ein Fuß vor den anderen. Ich habe den Blick auf den Boden gerichtet, mein Puls rast, im Nu ist mein Rücken schweißnass – die Angst rinnt, zu Schweiß verdichtet, die Wirbelsäule hinunter.

Immer noch würgt mein Kamerad und erbricht sich. Ich versuche ihn zu ignorieren, meine ganze Umgebung auszublenden, alle Geräusche. Ich konzentriere mich ganz darauf, die geschätzten zehn Meter bis zu der Holztür, hinter der offenbar das Unheil lauert, unfallfrei zu überwinden.

Autoreifen. Es stinkt nach Autoreifen.

Als ich den Blick hebe, stehe ich vor einem halbverfallenen alten Stall, dessen Holz stark verwittert ist. An den Wänden fehlen mehrere Bretter. Das Dach sieht aus, als könnte es Wind und Wetter schon lange nicht mehr trotzen. Dem Geruch nach zu urteilen, müssen hier irgendwann einmal Schweine gehalten worden sein. Die kleine Holztür, völlig verrußt und verzogen, hängt schief in den Angeln. Langsam gehe ich darauf zu.

Ich gehe mit Mühe, denn eine unsichtbare Macht zerrt mit aller Gewalt an mir, zieht mich sogar zurück. Es scheint fast, als wäre mein Körper an Seilen befestigt. Will mich etwas davon abhalten, weiterzugehen?

Doch keine Macht vermag mich aufzuhalten. Ich *muss* mit eigenen Augen sehen, was in diesem kleinen Stall geschehen ist.

Der Geruch nach verbrannten Autoreifen ist jetzt geradezu überwältigend. Langsam beuge ich den Kopf, um ungehindert in das Innere des Stalles schauen zu können. Nach dem gleißenden Tageslicht haben meine Augen Schwierigkeiten, sich an die Dunkelheit zu gewöhnen. Was ich aber dann wahrnehme, sprengt meine Vorstellungskraft.

Es müssen Menschen sein, die da vor mir liegen oder sitzen – bis zur Unkenntlichkeit verbrannt. Allein ihre Größe und Körperhaltung lassen erahnen, dass es Frauen und Kinder gewesen sein müssen, bevor sie das Feuer bei lebendigem Leib erfasste.

Dies dürften wohl die restlichen Familienmitglieder sein, geht mir durch den Kopf, denn die Männer des Hauses haben wir bei unserer Ankunft im Hinterhof vorgefunden. Sie waren erschossen worden.

Die Täter müssen Brandbeschleuniger über die Menschen geschüttet haben, dessen Geruch sich deutlich abhebt von jenem des verbrannten Menschenfleisches oder dem der Autoreifen. Aber das hat ihnen offenbar noch nicht gereicht. Um die Qualen der Menschen im lodernden Feuer zu steigern, haben sie Autoreifen auf die Frauen und Kinder geworfen – so wurde der Kampf mit dem Tod tatsächlich zur Hölle.

Fassungslos stehe ich vor dieser Szenerie und weiß nicht, welchem Impuls ich zuerst nachgeben soll. Mein Magen will es dem des Kameraden gleichtun und mein Frühstück im Gebüsch vor dem Stall loswerden, während meine Beine für sofortige, unwiderrufliche Flucht plädieren. Mein Kopf dagegen, und leider soll er das Sagen haben, kann den Blick nicht von dem Grauen abwenden. Wie zur Salzsäule erstarrt, stehe ich im Türrahmen des Stalls, während meine Augen pausenlos von einem ehemaligen menschlichen Wesen zum anderen wandern. Sie erfassen jedes Detail … nehmen jeden Körper wahr … verinnerlichen alles …

Plötzlich höre ich Gezwitscher. Und sehe Vögel, gewöhnliche Vögel, die an diesem sonnigen Tag im Kosovo, irgendwo zwischen Prizren und Wahnsinn, um die Wette singen.

✳ ✳ ✳

Schreiend erwache ich.

Welch ein Alptraum!

Im ersten Moment weiß ich nicht, wo ich mich befinde. In Schweiß gebadet versuche ich mich zu »erden«. Das gelingt mir am ehesten, indem ich die Dinge um mich herum berühre. Nur so kann ich sicher sein, was wirklich ist und was nicht. Meine Hände wandern über die Wand, das Bett, den Fußboden. Ich versuche, mit der Realität in Kontakt zu treten, doch es gelingt mir nur langsam, mühevoll, zäh.

Mein Puls hat die Frequenz eines Kolibri-Flügelschlags, als mir nach etlichen unendlich langen Minuten klarwird, dass ich doch zu Hause in meiner Wohnung bin: in Deutschland, in Sicherheit. Die Bilder vom Stall, von den verbrannten Menschen waren nur ein Ausschnitt jenes Alptraums, der so sicher wie das Amen in der Kirche Nacht für Nacht über mich hereinbricht.

Es ist nicht immer derselbe Traum, doch die Szene mit den verkohlten Leichen im Stall hat eine Präsenz, die mich jedes Mal fürchten lässt, den Verstand zu verlieren.

Noch immer pumpt mein Körper Adrenalin durch meine Adern, und nur langsam beruhigt sich mein Atem. Ich frage mich Mal um Mal, wenn ich diesen Traum durchlebe, was wohl aus meinem Kameraden geworden ist, der in die Büsche gekotzt hat.

Warum beschäftigt er mich so? Warum muss ich mehr an ihn denken als an mich? Ist das ein Vermeidungsverhalten? Verdränge ich so die Bilder? Ich werfe einen Blick auf den Wecker neben dem Bett: 05.12 Uhr. Die Nacht ist gelaufen. Gerädert blicke ich auf die leere Straße, die im Schein der Straßenlaterne so friedlich wirkt, und versuche mir einzubläuen, dass mich nur böse Erinnerungen heimgesucht haben, mehr nicht. Wenn es sich bloß nicht jedes Mal so verdammt echt anfühlen würde!

»Du bist hier sicher, Daniela«, flüstere ich in die Dunkelheit des Zimmers. »Dir kann nichts passieren. Jetzt nicht mehr.«

Der Lichtschein, der aus einem Fenster im Haus gegenüber zu mir dringt, beruhigt mich ein wenig. Auch wenn ich gleichzeitig weiß, dass mich die alptraumhaften Bilder niemals verlassen werden, nie, ganz egal wie viel Zeit vergehen mag.

Wenn ich nur nicht das verdammte Gefühl hätte, alles wie in einer endlosen Schleife immer wieder und wieder zu durchleben. Resigniert öffne ich das Fenster. Es ist mir völlig egal, ob es draußen kalt oder warm ist. Gierig sauge ich die Nachtluft ein, so tief wie möglich, damit ich spüre, dass ich lebe.

Ich würde so gerne weinen können …

Ich würde so gerne weinen können …

Ich würde so gerne weinen können …

Ich würde so gerne weinen können …

Ich würde so gerne weinen können …

Krieg

*Mit einer PTBS[1] zu leben,
das ist, als trüge man
am ganzen Körper Prothesen.
Die größte und schmerzendste
Prothese, das ist eine
zwischen Kopf und Bauch.
Sie steckt dort, wo
Leute, die noch an das Gute
im Menschen glauben,
die »Seele« vermuten.*

1.

Nie hätte ich mir träumen lassen, dass es mich einmal derart eiskalt erwischen könnte. Dass mein Wunsch, zur Bundeswehr zu gehen, den Menschen in meinem Heimatland zu helfen, solche Folgen haben könnte. Dass mein Einsatz im Kosovo mich so sehr zermürben sollte. Dass ich deswegen nicht mehr richtig schlafen würde – in keiner einzigen Nacht. Dass mir mein Leben entglitte, zur Hölle würde. Schließlich hatte alles einmal so hoffnungsvoll angefangen …

Ich war vierzehn, als ich das Haus meiner Großeltern und auch meinen heiß geliebten Cousin in Bosnien-Herzegowina zum letzten Mal sah. Ein wunderbarer Sommer voller Lachen und mit jeder Menge Spaß, voller schöner Erlebnisse lag hinter mir. Anders als meine Schwester wurde ich in Deutschland, genauer gesagt in Osnabrück, geboren und kannte die Heimat meiner Eltern und Großeltern nur als Urlaubsland. Nichts deutete dar-

---

1 PTBS: Posttraumatische Belastungsstörung

auf hin, dass ich das Haus und meine Großeltern nie wieder sehen sollte …

Kurz nach meinem Urlaub kam es nämlich zum Krieg auf dem Balkan, und im Heimatdorf meiner Großeltern flammte der Hass so intensiv auf, dass schon bald nicht mehr klar war, wer Freund und wer Feind ist. Jeder schien gegen jeden zu kämpfen – wobei ich nicht verstand, worüber sich die feindlichen Parteien überhaupt stritten. So vergingen viele Jahre, in denen ich immer wieder hoffte, meine Familie in dem Zustand wiederzusehen, wie ich sie verlassen hatte. Doch der Krieg dauerte an, und eine Brutalität jagte die nächste. In Deutschland bekam ich nicht viel davon mit, was das für meine Verwandten bedeutete, ich wusste nur, dass mein Lieblingscousin sich der Miliz angeschlossen hatte und mein Onkel gemeinsam mit ihm kämpfte.

Die Ereignisse in der Heimat meiner Mutter und meiner Schwester ließen mich in den folgenden Jahren nicht los; aufmerksam verfolgte ich in den Medien, was mehrere Tausend Kilometer entfernt geschah. Im Alter von achtzehn Jahren – ich besuchte damals eine höhere Handelsschule – gründete ich eine Initiative namens »Schülerhilfe Bosnien«. Gemeinsam mit Freunden sammelte ich zunächst bei Schulkameraden, Nachbarn und Freunden Kleidung, Lebensmittel und Medikamente, um den Menschen in Bosnien zu helfen. Kaum hatte ich den Führerschein gemacht, startete ich mit Unterstützung des Schuldirektors den ersten Hilfskonvoi.

Mit zwei Schulkameraden, Henning und Ralf, fuhr ich auf eigene Faust nach Bosnien, wo wir die gesammelten Hilfsgüter einer Nonne übergeben wollten, die einem karitativen Verband angehörte. Meine Mutter, die sie entfernt kannte, hatte mir ihre Adresse gegeben. Unser Vorhaben hatten wir Wochen vorher in Interviews mit einer Tageszeitung beworben und um Spenden jeglicher Art gebeten. Auch meine ehemalige Grundschule in

Sutthausen unterstützte mich nach Kräften, und so kam einiges zusammen: Medikamente, Gehstützen, Lebensmittel, Decken, Kleidung – all das wollten wir stolz überbringen.

Als wir nach einer endlos langen Fahrt über holprige und staubige Straßen unser Ziel erreichten und uns nach der Nonne erkundigten, kam ein älterer Mann mit einem Gewehr im Anschlag auf uns zu.

»Was wollt ihr von der Frau?«, fragte er und musterte uns finster.

Ich schilderte ihm unser Anliegen.

Wider Erwarten ließ er uns passieren, so dass wir kurz darauf der Nonne die Spenden übergeben konnten. Sie war sehr nett und stellte uns eine Bescheinigung aus – dafür, dass sie die Spenden erhalten hatte.

Trotzdem war ich unzufrieden. Zwar waren wir mit unserem auf die Schnelle organisierten Konvoi so weit vorgedrungen, wie es nur möglich war, aber dass wir nicht an vorderster Front Hilfe leisten konnten, wollte ich nicht akzeptieren.

Nach dem Treffen mit der Nonne, die uns freundlicherweise ein Quartier für die Nacht gestellt hatte, schauten wir uns noch ein wenig um. Mein Blick fiel auf die vielen zerstörten Häuser, die Schutthaufen, die ausgebrannten Autos, die mit Schlaglöchern übersäten Straßen und die unzähligen Einschusslöcher in den Häuserwänden. All das schien für die Menschen hier Alltag zu sein.

Ich war entsetzt über das, was ich gesehen hatte, so dass wir auf der Rückfahrt nach Deutschland lange und intensiv miteinander diskutieren mussten. Als wir wieder im sicheren Osnabrück ankamen, war ich nahezu besessen von der Idee, einen Schritt weiter zu gehen und den Betroffenen direkt zu helfen. Heute weiß ich: Ich habe mich da überschätzt. Doch damals dachte ich, ich könnte gegen das Elend der Menschen und damit gegen den

Krieg ankämpfen. Aber wer den Krieg zum Gegner hat, kann niemals gewinnen.

Das Dorf, in das wir die Hilfsgüter gebracht hatten, war ein Ort, über den der Orkan des Krieges bereits hinweggefegt war – das schien offensichtlich. Was es heißt, sich mitten im Kriegsgeschehen zu befinden, das hätte ich mir in meinen schlimmsten Alpträumen nicht ausmalen können. Ich sollte es aber bald erfahren …

* * *

Zwei Jahre später besuchte ich mit einem Bekannten eine Art Jobbörse in Osnabrück. Ich hatte inzwischen Bürokauffrau gelernt, war aber in dem Beruf alles andere als glücklich und wollte mich deshalb nach Alternativen umsehen. Immer schon wollte ich Ärztin werden, schreckte jedoch vor einem Studium zurück. Aber vielleicht entdeckte ich ja etwas, das mir den Weg dorthin ebnete – das erhoffte ich mir jedenfalls von der Jobbörse.

An einem Stand der Bundeswehr blieben wir voll Neugier stehen. Rasch kam ich mit einem Rekrutierungsfeldwebel ins Gespräch, mit dem ich mich lange und gut unterhielt. Er hakte genauer nach, als ich ihm von meinen Hilfskonvois erzählte, und erkundigte sich interessiert, weshalb ich Menschen in Not helfen wollte. Schließlich stellte er mir eine Frage, die mein Leben komplett umkrempeln sollte:

»Haben Sie schon einmal darüber nachgedacht, Hilfe an vorderster Front zu leisten?«

Zack!

Ich war gefangen.

Natürlich wollte ich das! »Klar«, antwortete ich spontan – meine Augen müssen dabei geleuchtet haben.

Die vielen Menschen um mich bemerkte ich gar nicht, ich war völlig gebannt von dem, was mir der Feldwebel erzählte. Noch an Ort und Stelle beschloss ich, sein Angebot anzunehmen. Wenn mir die Bundeswehr tatsächlich garantierte, dass ich anderen Menschen helfen konnte, war ich bereit, mich schon am nächsten Tag in einen Tarnfleckanzug zu werfen.

Was würde ich heute dafür geben, wenn ich diese Entscheidung rückgängig machen könnte …

Meine Familie war von meinem Vorhaben wenig begeistert. Vor allem meine Mutter war voller Sorge, dass ich in einen Krieg geraten könnte. Sie ahnte nicht, wie sehr ich darauf brannte, Hilfe dort zu leisten, wo sie am nötigsten war. Ich konnte mir nicht vorstellen, mein ganzes Dasein am Schreibtisch zu verbringen. Die Herausforderung der Bundeswehr kam für mich genau im richtigen Moment.

Noch in derselben Woche bewarb ich mich als Soldatin und erhielt prompt eine Einladung zu einem dreitägigen Eignungstest, der ein paar Wochen später in Hannover stattfand. In der Unterkunft dort teilte ich mir mit jungen Frauen ein Achtbettzimmer und erfuhr zum ersten Mal, was Kameradschaft sein konnte.

Wir feuerten uns gegenseitig an, gaben uns Ratschläge und trösteten einander, wenn eine von uns einen der Tests nicht bestanden hatte. Für drei Tage waren wir wie eine Familie. Ich glaubte, meine Bestimmung gefunden zu haben. Helfen, ich wollte endlich aktiv helfen, vielleicht würde ich es ja sogar irgendwann zur Ärztin bringen…

Am letzten Tag saßen wir jungen Frauen alle nebeneinander auf harten Holzstühlen in einem kargen Wartezimmer. Wir sollten die finale Runde bestreiten: den psychologischen Test. Unzählige Horrorstorys waren darüber im Umlauf, deshalb waren wir ziemlich nervös.

Einmal war wohl eine Frau gefragt worden, ob sie schon mal mit ihrem Vater geschlafen habe.

»Nein, natürlich nicht«, soll sie ein wenig verwirrt geantwortet haben.

»Vielen Dank«, hieß es daraufhin nur.

Das war es dann für sie, denn die richtige Antwort wäre gewesen: »Das geht Sie gar nichts an!«

Mit solchen Geschichten im Genick harrten wir der Dinge, die da kommen sollten. Ich konnte das Adrenalin in der stickigen Wartezimmerluft förmlich riechen und versuchte, mich nicht komplett verrückt machen zu lassen. Während die anderen wild durcheinanderredeten, saß ich still da und betrachtete die abblätternde Farbe an den Wänden. Dabei konzentrierte ich mich auf meine Atmung und blendete das Geschnatter um mich herum komplett aus. Auch ignorierte ich den penetranten Geruch des Bohnerwachses und das aufgeregte Kieksen, wenn erneut jemand an die Reihe kam.

Dann wurde mein Name aufgerufen, und ich sprang auf. Mit energischen Schritten betrat ich einen karg möblierten Raum, in dem mehrere Menschen in Uniform an einem langen Tisch saßen. Der Raum war nicht groß, es roch nach altem Linoleum. Da ich mich damals mit Dienstgraden noch nicht auskannte, hatte ich nicht die geringste Ahnung, wer da vor mir saß.

Kaum hatte ich mich vor dieses Tribunal gesetzt, als mich auch schon der Vorsitzende fragte, wieso ich mit meiner bosnischen Herkunft daran interessiert sei, der Bundeswehr beizutreten.

Voller Elan erklärte ich den Prüfern meine Intention und betonte, dass ich darauf brannte, den kriegsgebeutelten Menschen vor Ort zu helfen. »Das war schon immer mein Wunsch«, schloss ich meinen Bericht.

Daraufhin schaute mich einer der Offiziere lange an.

»Das nehme ich Ihnen nicht ab«, sagte er.

Ich schaute lange zurück, von seinem stechenden Blick ließ ich mich nicht aus der Ruhe bringen. »Nun, das ist die einzige

Wahrheit, die ich Ihnen bieten kann«, sagte ich nach einer Weile. »Wenn Ihnen die nicht reicht, dann bin ich für die Bundeswehr wohl nicht geschaffen.«

Ein Lächeln huschte über sein Gesicht. Anschließend nickte er seinen Kollegen kurz zu und sagte: »Setzen Sie sich draußen ins Wartezimmer und empfangen Sie Ihren Einsatzstandort.« Innerlich jubelnd stand ich auf und verließ den Raum.

Punkt, Satz, Sieg: Matijević.

* * *

Im Herbst 1996 begann meine Bundeswehrkarriere bei einer Luftwaffenausbildungseinheit in Roth nahe Nürnberg. Ich hatte mich gleich für vier Jahre verpflichtet, um die Chance auf ein Medizinstudium zu vergrößern. Was mir nicht bewusst war: Damit standen auch meine Chancen auf einen Auslandseinsatz im Kosovo denkbar gut, denn die Konflikte hatten in letzter Zeit weltweit zugenommen. Ich ging davon aus, da es sich um eine Grundausbildung handelte, zwei Monate stumpfes Exerzieren und Herumbrüllen vor mir zu haben. Dass mich intellektuell mehr erwartete als etwa die Deklination von – in der Kaserne sehr beliebten – Vokabeln wie »trinken«, hätte ich nicht erwartet.

Unsere Gruppe, die aus elf Männern und sechs Frauen bestand, wäre miteinander durch die Hölle gegangen, wenn es der Ausbilder von uns verlangt hätte. Es erstaunte mich, dass Menschen bereit waren, sich derart füreinander einzusetzen, gemeinsam zu kämpfen, ja sogar füreinander ihr Leben zu riskieren und bei jeder Herausforderung um Höchstleistungen zu ringen. Keine Familie der Welt hätte mir Zusammenhalt besser vermitteln können.

Am ersten Tag, beim Eintreffen in der Kaserne, war davon allerdings noch nichts zu spüren. Als ich aus dem Bus stieg, mit dem ein ziviler Angestellter der Bundeswehr die Neuankömmlinge in die Grundausbildungseinheit gefahren hatte, wurde ich prompt von einem Typen angeschrien, dem ich nicht einmal zugetraut hätte, fehlerfrei bis zehn zählen zu können.

Das soll einer meiner Ausbilder sein?, fragte ich mich auf dem Weg zur Unterkunft. Das konnten ja tolle acht Wochen werden! Innerlich liebäugelte ich schon mit dem Gedanken, der Hohlbratze eine reinzuhauen, wenn diese wieder damit kam, wir als Neulinge seien noch nicht mal den Dreck unter seinen Fingernägeln wert.

Nach der unschönen Begegnung gleich zu Beginn bezog ich mit zwei Kameradinnen eine Dreibettstube. Auf unserem Gang in der 18. Kompanie des Luftwaffenausbildungsregiments waren zwölf Stuben, die jeweils mit drei bis acht Soldaten und Soldatinnen belegt waren.

Mit den beiden Kameradinnen auf meiner Stube verstand ich mich auf Anhieb gut. Die mit ihren kurzen braunen Haaren und der schmalen Statur sehr burschikos wirkende Marleen kam aus der ehemaligen DDR und war eigentlich ausgebildete Tierarzthelferin. Nun ja, weit davon entfernt schien die Ausbildung bei diesem Verein hier auf den ersten Blick nicht zu sein. Die Arbeitslosigkeit habe sie aus Leipzig zur Bundeswehr getrieben, erzählte Marleen, als wir unsere Spinde einräumten.

»Lieber SaZ4 als Hartz IV«, meinte sie nur – lieber Soldat auf Zeit für vier Jahre als Arbeitslosengeld und Sozialhilfe.

Manuela hingegen war mit ihrer fröhlichen Natur und ihrem witzigen Akzent ein echter Sonnenschein. Sie hatte gehört, dass unter den Sanitätern besonders scharfe Männer unterwegs sein sollten. Da hatte sie sich sofort verpflichtet.

Uns war klar, dass wir nie dicke Freundinnen werden würden. Es war Kameradschaft, was uns ab der ersten Stunde verband.

Gleich am ersten Abend, wir steckten inzwischen in den schicken blauen Trainingsanzügen der Bundeswehr, auch »Schlumpfanzüge« genannt, sagte uns der Kompaniechef, Hauptmann Liehs, wo es langging. Unsere Vereidigung in zwei Wochen sei bindend, und wir müssten uns darüber im Klaren sein, dass nur die Besten von uns dieser Ehre würdig seien.

Ich blickte mich im Hörsaal der Kompanie um. Neugierig betrachtete ich die Gesichter meiner Kameradinnen und Kameraden. Die meisten lauschten den Worten des Hauptmanns ehrfurchtsvoll, einige blickten verschüchtert auf den Boden. »Wir bilden Kameraden aus und keine Verpisser!«, war einer seiner Lieblingssätze, den wir nicht nur an jenem Abend, sondern auch danach bei jeder sich bietenden Gelegenheit zu hören bekommen sollten.

In der folgenden Nacht fand ich keinen Schlaf, wälzte mich unruhig im Bett, den Kopf voller Fragen.

War ich wirklich bereit, für meine Ideale durch die Hölle zu gehen?

Ja, lautete die Antwort, schließlich war ich nicht so weit gekommen, um jetzt klein beizugeben.

Wäre ich doch damals nur nach Hause gefahren! Aber was nützt es, über verschüttete Milch zu klagen? Mein Weg war wahrscheinlich vorgezeichnet ...

In der Ausbildung wurden uns grundlegende medizinische Kenntnisse vermittelt, die sowohl im zivilen Leben als auch im Kriegseinsatz gefragt waren. Warum trage ich einen Patienten immer mit dem Kopf voran? Wozu brauche ich mein Dreieckstuch? Wie viele Hefeweizen vertrage ich, bis mir schlecht wird?

Der gute Zusammenhalt in unserer Gruppe ließ mich das intellektuell extrem niedrige Niveau fast vergessen. Nach bestandenem achtwöchigem »Dummfick«, wie die Grundausbildung gerne genannt wird, verließ ich die Kompanie und wechselte in das Gebäude auf der anderen Straßenseite, wo ich einen Rettungssanitäterlehrgang absolvieren sollte. Diese Ausbildung brachte mir endlich das, was ich mir von Anfang an gewünscht hatte: anspruchsvolles Denken. Wir hatten drei Wochen Zeit, um den Stoff von drei Monaten zu erlernen, und das spornte mich an. Hatte ich mich bisher eher unterfordert gefühlt, so musste ich mich nun tüchtig ins Zeug legen. Auch bei diesem Lehrgang kämpfte jede Gruppe um das bestmögliche Abschneiden, so dass alle mit Elan bei der Sache waren. Einer für alle und alle für einen, lautete das Motto.

Schnell trennte sich die Spreu vom Weizen: Bei der aus sieben Einzeltests bestehenden Abschlussprüfung fielen siebzig Prozent der Kursteilnehmer durch. Dabei war die hohe Durchfallquote durchaus beabsichtigt – die Bundeswehr bezeichnet den Vorlauf nicht umsonst als »natürliche Selektion«. Nur der Fähige soll überleben. Für mich war es jedenfalls die erste Begegnung mit den »Kollateralschäden«, mit denen man als Soldat zu rechnen hat.

Nach der Tortur der Prüfung sollte ich in die mir zugewiesene Stammeinheit kommen – nach Heide in Schleswig-Holstein. Bei der Ankunft in der Kaserne empfing mich ein übergewichtiger, glatzköpfiger Spieß, der mir sofort in einem Einzelgespräch in abschätzigem Tonfall mitteilte: »Ich weiß beim besten Willen nicht, wo ich Sie einsetzen soll.«

Ich zuckte nur die Schultern. Es erschien mir grotesk, dass der Dienstherr von mir verlangte, täglich Sport zu treiben, und diese Aktivitäten von einem Hundertfünfzig-Kilo-Mann überwachen ließ, der wegen seines mächtigen Bauches im Stehen nicht mal seine Füße sehen konnte.

Oberfeldwebel Mader und mich verband in den gut vierzehn Monaten, die ich in Heide stationiert war, ein gesunder Hass. Wir mochten uns partout nicht leiden, und das konnte und durfte auch jeder wissen. Ich empfand es als Privileg, dass er mich nicht mochte, denn es wertete mich als Menschen nur auf. Jedenfalls machte mir Herr Mader das Leben schwer, wo er nur konnte. Beispielsweise schickte er mich als Truppenführer zusammen mit einem Fahrer mitten im Winter auf eine Übung nach Jagel bei Schleswig. Ich hatte den Auftrag, einer Luftwaffensicherungseinheit bei einer zweiundsiebzig Stunden dauernden Schlafentzugsübung medizinisch beizustehen. Es herrschten Temperaturen im zweistelligen Bereich unter null, doch der Kommandeur des Truppenübungsplatzes, auf dem wir uns befanden, ließ keine Wärmequellen zu. Damit war nicht nur kein Feuer erlaubt, ich durfte auch die Standheizung des Krankenwagens nicht einschalten. Als Freigeist war mir dieser Befehl jedoch schnurzpiepegal, vor allem nachdem ich festgestellt hatte, dass selbst der mitgebrachte Tee eingefroren war. Ich stellte die Standheizung also auf zwanzig Grad ein und legte mich schlafen.

Am nächsten Morgen weckte mich ein wütendes Donnern gegen die Wagentür.

Völlig verschlafen kroch ich aus dem wohlig warmen Schlafsack und öffnete die Tür. Noch ehe ich ein Wort sagen konnte, brüllte mein Gegenüber auch schon los.

»Obergefreiter Matijević? Sie haben sich sofort beim Kommandeur zu melden. Das ist keine Bitte. Tempo!« Sprach's und verschwand aus meinem Blickfeld.

Mürrisch zog ich mich an und schlurfte zur Kommandantur.

»Stehen Sie bequem! Der Anschiss dauert nämlich länger!« Mit diesen Worten empfing mich ein übelgelaunter Oberstleutnant.

Kein Kaffee, kein »Guten Morgen« – nichts.

Dann folgte eine Standpauke. Wie sich herausstellte, hatte die Einsatzleitung in der Nacht einen Tornado mit Wärmebildkameras über das Gelände fliegen lassen. Das gesamte Areal war pechschwarz – bis auf meinen kuscheligen zwanzig Grad warmen Krankenwagen, der auf den Kamerabildern in einem fröhlichen Purpurrot erstrahlte. So stand ich also jetzt etwas dumm da – und wurde, ohne dass mich der Oberstleutnant berührte, nach allen Regeln der Kunst geföhnt und gestriegelt.

Doch auch heute würde ich es nicht anders machen. Es war erbärmlich kalt in jener Nacht, und als ich den Soldateneid ablegte, hatte schließlich niemand von mir zu schwören verlangt, dass ich mich nicht vor dem Tod durchs Erfrieren bewahren durfte. Ich war und blieb ein Schönwettersoldat.

Das einzig Positive, was diese herbe Begebenheit hervorbrachte, war: Man schickte mich während meiner Zeit in Heide nicht mehr auf Übung.

Wohl oder übel musste sich Oberfeldwebel Mader nun also erst recht Gedanken machen, wo und wie er mich einzusetzen gedachte. Obwohl oder gerade weil er um meine Leidenschaft für den Rettungsdienst wusste, machte er mich prompt zum Geschäftszimmersoldaten im Vorzimmer der Zahnarztstaffel. Dort waren meine medizinischen Kenntnisse nicht nur nicht erwünscht, sondern schlicht fehl am Platze. Mehr als einmal verfluchte ich ihn dafür, doch es nutzte nichts. Mir schien fast, als fielen gerade jene Menschen bei der Bundeswehr immer auf die Füße, die aalglatt und ganz besonders fies waren.

Neben einem ambitionierten, sehr netten Zahnarzt als Chef lernte ich in der Staffel leider auch die Bürokratie kennen. Ich hatte mit Formularen zu tun, mit denen ich ein Formular zur Beantragung eines Formulars beantragte. Mit Befehlen, die heute erteilt und morgen ad acta gelegt wurden. Mit Anordnungen zu Vorgängen, die nicht mal in unserem Bundesland geschahen, das heißt: für uns keine Relevanz hatten. Mit lauter solchen Absurditäten war mein Alltag gefüllt.

Schnell entwickelte ich eine Vorliebe für ein ganz bestimmtes Formular: den Urlaubsantrag. Unter der Woche schob ich wie eine Irre Dienste, um das Wochenende auf jeden Fall zu Hause verbringen zu können. Ich hatte in der Zwischenzeit eine Wohnung in Osnabrück gemietet, und kaum dass es freitags zwölf Uhr schlug, sprang ich in mein Auto, trat das Gaspedal durch und fuhr heim. Bald fiel allen auf, dass ich keinen gesteigerten Wert darauf legte, Zeit mit meinen Kameraden, geschweige denn mit der Führung zu verbringen. Ich fieberte jedem einzelnen Tag in den eigenen vier Wänden entgegen und machte auch keinen Hehl daraus.

Richtig glücklich war ich, als man mich zum Erwerb des Bundeswehrführerscheins nach Fassberg abkommandierte, nur knapp hundert Kilometer von zu Hause entfernt.

Ich war bereits auf der Autobahn von Heide Richtung Hamburg unterwegs, um zu meinem neuen Dienstort zu gelangen, als unmittelbar vor mir ein Lastwagen in die Leitplanken krachte.

Ohne zu überlegen trat ich voll auf die Bremse und hielt auf dem Seitenstreifen an.

Nachdem ich die Unfallstelle gesichert hatte, sprang ich in voller Ausgehmontur in den Fluss neben der Fahrbahn – um den verletzten Fahrer zu retten, der aus der Führerkabine geschleudert worden war. Ich trug den Mann ans Ufer und begann sofort mit der Reanimation. Als die Rettungskräfte eintrafen und die Feuerwehr mich ablöste, kam ein Uniformierter auf mich zu und sagte: »Ein Anruf für Sie!«

Offenbar hatte die Leitstelle inzwischen meine Einheit informiert, denn der stellvertretende Spieß erklärte, dass er gerade eine förmliche Anerkennung für Lebensrettung vorbereite.

»Du hast verdammt gute Arbeit geleistet«, sagte er. »Du kannst stolz auf dich sein!«

»Danke«, stammelte ich verwundert, denn damit hatte ich nun wirklich nicht gerechnet.

»Mach dich in Ruhe auf den Weg zur Kaserne. Fassberg weiß, dass du später kommst«, sagte er noch und legte auf.

Kaum kam ich in Fassberg an, beorderte mich der Spieß in sein Büro.

»Ich habe erfahren, was passiert ist«, begann er und lobte mich. Gleich darauf aber fügte er hinzu: »Ich muss Ihnen mitteilen, dass sich Oberfeldwebel Mader weigert, Sie auszuzeichnen.«

Mir blieb die Spucke weg.

»Für ihn sei es normal, sagt er, dass seine Leute Leben retten«, meinte der Spieß und zuckte bedauernd die Achseln.

Mich packte die Wut. Es war mir nicht wichtig, ausgezeichnet zu werden. Es war aber demütigend, dass dieser Typ so viel Macht besaß, willkürlich seine Spielchen zu spielen.

Fassungslos verließ ich den Raum. Liebend gern hätte ich die Tür eingetreten.

Es war kein Trost, dass mich der Chef von Fassberg zwei Wochen später für die Lebensrettung auszeichnete. Ich wollte keinen Orden, ich wollte Respekt. Doch danach sollte ich während meiner Zeit bei der Bundeswehr vergeblich suchen.

* * *

Im Sommer 1997 wechselte ich für einen dreimonatigen Unteroffizierslehrgang an die Sanitätsakademie in München, der zentralen Ausbildungseinrichtung der Bundeswehr für den Sanitätsdienst – dort werden jährlich bis zu sechstausend Lehrgangsteilnehmer geschult. Ich freute mich sehr auf die methodisch-didaktische Ausbildung, bei der, wie sich schnell herausstellte, auch die Physis keine unwesentliche Rolle spielen sollte. Den etwa sechzig Teilnehmern war von vornherein klar, dass sie einige Hürden zu nehmen hatten. Neben einem Dreißig-Kilometer-Marsch mussten wir auch das Goldene Sportabzeichen erringen und mindestens drei Lehrproben im freien Feld bestehen. Wir wurden zu drei Teams zusammengewürfelt und auf die einzelnen Hörsäle verteilt. Die Tatsache, dass jede einzelne Klausur und jede Einzelnote eines jeden Lehrgangsteilnehmers das Ergebnis des gesamten Teams beeinflusste, trieb uns zu Höchstleistungen.

Schon mehrfach hatte ich vom berühmt-berüchtigten Hörsaal 33 gehört, in dem einige hochdekorierte Soldaten gelernt hatten. Nun saß ich selbst auf einem der »heiligen« Plätze – da durfte ich nicht enttäuschen. Dem besten Soldaten eines jeden Hörsaals winkte eine Fleißbeförderung zum Hauptgefreiten, bevor dann zwei Wochen später die Beförderung zum Unteroffizier folgte. Wenn das kein Anreiz war …

Ich war hoch motiviert, büffelte konzentriert für jede Klausur, legte mir sogar Mind Maps an und entwickelte einen Ehrgeiz, den ich vor dem Abitur zum Leidwesen meiner Eltern sehr hatte vermissen lassen. Dass am Ende doch ein anderer befördert wurde, lag vermutlich daran, dass meine Zimmerkameradin Laura, eine etwas herbe Bayerin mit lautem Organ, und ich auf der Zielgeraden das Feiern allzu ausgiebig kultiviert hatten. Zwar konnten wir vor der Prüfung bis ins Detail erklären, was Remain Over Night hieß, aber ebenso gut waren wir darin, den genauen Inhalt einer »Goaßnmaß« wiedergeben zu können.

Nach wenigen Wochen in München verstand ich auch, wieso einige der Kameraden meiner Stammeinheit die Sanitätsakademie als »größten Puff Deutschlands« bezeichnet hatten. Zwar war mir eine meiner Kameradinnen, die es sehr bunt trieb, noch lebhaft im Gedächtnis, dennoch fand ich die Bezeichnung »Puff« übertrieben und nicht passend.

Während meiner Zeit bei der Bundeswehr allgemein und besonders an der Akademie in München musste ich aber immerhin feststellen, dass viele Frauen, die sich als Zeitsoldatinnen verpflichtet hatten, die Bundeswehr in erster Linie als Eheanbahnungsinstitut betrachteten. Wirklich sonderbar, wie viele meiner Kameradinnen dort nach dem Mann fürs Leben suchten ...

Nach den drei Monaten in München wurde ich erneut versetzt, gehörte nun einem Team an, das sieben Monate lang die Wanderausstellung »Unsere Luftwaffe« zu betreuen hatte. Ich sollte die Sanitätstruppe repräsentieren und den Ausstellungsbesuchern Rede und Antwort stehen. Die absonderlichen Fragen der Zivilisten erstaunten mich, und ich merkte gar nicht, welche Kluft sich da plötzlich aufgetan hatte: Schleichend hatte sich in mir das Gefühl festgesetzt, nicht mehr zur zivilen Welt zu gehören. Die Reise mit der Ausstellung führte uns hauptsächlich durch kleinere Städte wie Mettmann, Warstein oder Ibbenbüren, aber, zu meiner großen Freude, auch nach Berlin.

Nach Ablauf dieser wunderschönen sieben Monate folgte für den Rest der vier Jahre, zu denen ich mich verpflichtet hatte, die Versetzung in meine letzte Stammeinheit – nach Diepholz. In der dort stationierten Hubschrauberstaffel durfte ich bis zum Ende meiner Dienstzeit endlich das tun, was ich am besten konnte: Wissen weitergeben. Ich war inzwischen Stabsunteroffizier und als Ausbildungsfeldwebel verantwortlich für die Aus- und Weiterbildung von eintausendachthundert Soldaten.

Stolz
hebt
und lässt einen
aufrecht gehen.
Nur zärtlich in den Arm nehmen,
das kann er nicht.

2.

Es war ein Mittwoch im Juni 1999, als ich erfuhr, dass ich im Kosovo eingesetzt werden sollte.

Die Unruhen in der jahrzehntelang umkämpften Region hatten sich verstärkt, als die serbische Regierung im Jahr 1989 die Autonomie der Provinz Kosovo aufhob, was letztlich den Zerfall Jugoslawiens einläutete. Nach dem Tod des autoritären Staatspräsidenten Tito im Jahr 1980 hatten sich aus Jugoslawien mehrere Regionen abgespaltet. So geriet Bosnien-Herzegowina bald zum Großteil unter muslimischen Einfluss, ebenso Albanien, Kosovo, Montenegro, während Kroatien überwiegend von Katholiken bestimmt wurde und Serbien von griechisch-orthodoxen Kräften. Der Hass der einzelnen Ethnien aufeinander war ständig präsent und führte immer wieder zu kleinen und größeren Auseinandersetzungen – bis die Situation dann 1989 eskalierte und die internationale Staatengemeinschaft endlich ihr Augenmerk auf die Region im Südosten Europas richtete.

Nachdem die NATO 1995 zunächst in den Bosnien-Krieg eingegriffen hatte, kam es trotz der in Bosnien und Herzegowina stationierten Truppen immer wieder zu Kämpfen und Unruhen, bei denen Serben und Albaner aufeinanderstießen. Nachdem die Region zwischenzeitlich so gut wie befriedet werden konnte, entfachten im Januar 1999 wieder Kämpfe zwischen der serbischen Miliz und der kosovarischen Befreiungsarmee UÇK auf. Als die Friedensgespräche, zu denen sich die Kriegsparteien bewegen ließen, endgültig scheiterten, beschloss die NATO, im Kosovo militärisch einzugreifen. Der Kosovokrieg dauerte vom 24. März bis zum 10. Juni 1999, und der erzwungene Frieden sollte durch die Stationierung von NATO-Truppen gefestigt werden.

Die Ankündigung, dass man mich in den Kosovo schicken wolle, traf mich völlig überraschend, schließlich war ich damals in einem Ausbildungs- und nicht in einem Einsatzregiment und wähnte mich daher in Sicherheit.

Ein Trugschluss.

Mir war bewusst, dass das Geschehen innerhalb der Bundeswehr nicht den demokratischen Regeln gehorchte, dennoch hätte ich am liebsten ein Veto eingelegt. Die Tatsache, dass ich einen Vertrag als Zeitsoldatin unterschrieben hatte, machte mich zu einem »Soldunkulus« – einem Humunkulus in Soldatenform –, und damit war ich kein Mensch mit freiem Willen mehr. Ich hatte als Befehlsempfängerin die Ansagen zu befolgen, sie weder zu hinterfragen noch zu beurteilen noch abzuwägen. Ich war da, um zu funktionieren.

Aus meiner Einheit hatte es nur mich getroffen. Ich vermutete, dass man auf meine Sprachkenntnisse zählte, sonst wäre ich wohl nie beim MAD gelandet. Dass ich deswegen im Kosovo durch die Hölle gehen sollte, das hatte mir keiner gesagt.

✳ ✳ ✳

Bevor ich jedoch meine Taschen für den Auslandseinsatz packte, musste ich erst für knapp zwei Wochen zu einer Vorausbildung nach Hammelburg. Nichtsahnend, nur ein wenig nervös und gespannt auf das, was mich erwartete, fuhr ich von der Autobahn ab und passierte kurz darauf die Ortseinfahrt von Hammelburg. Die herrliche Landschaft nahm ich nur am Rande wahr. Mich irritierte, dass es seltsam still in dem Städtchen war. Und noch etwas fiel mir auf, während ich auf der Suche nach dem Weg zur Kaserne durch die Straßen fuhr: Die Menschen in Hammelburg schienen irgendwie auf seltsame Weise zu lächeln. Als wüssten sie etwas, was ich nicht wusste. Ahnen sie etwa, was in der Vorausbildung auf mich zukommt?, fragte ich mich. Die harmlosen und biederen Häuser des Städtchens konnten nicht über die Last hinwegtäuschen, die auf den Schultern der Menschen zu liegen schien.

Als ich in der Kaserne eintraf, waren die meisten meiner vierzig Kameraden bereits vor Ort. Fast alle stammten sie aus dem Einsatzverband Breitenburg, und ich war ein wenig voreingenommen, als ich merkte, dass ein Großteil der Kameraden Heeressoldaten waren. Als Angehörige der Luftwaffe nahm ich es naserümpfend zur Kenntnis.

Zuerst brachten uns die Ausbilder bei, wie es sich im Falle einer Entführung zu verhalten galt – und wie Gegner bei einer Auseinandersetzung mit einem gezielten Schlag auf den Kehlkopf oder aufs Jochbein außer Gefecht gesetzt werden konnten. Außerdem lehrten sie uns, wie man effektiv Minenopfer versorgte, sie transportierte und reanimierte.

»Denkt daran, alles, was euch an zu Hause erinnert, auch dort zu lassen«, schärfte uns einer der Ausbilder mehrfach ein.

»Darf ich denn nicht mal ein Foto von meinen Kindern mitnehmen?«, wagte einer der Soldaten zu fragen.

Der Ausbilder grinste nur spöttisch. »Klar doch«, erwiderte er. »Wenn Sie die Konsequenzen tragen möchten, gerne. Es ist aber gar nicht lustig, wenn die Fotos zusammen mit Ihrer Adresse dem Feind in die Hände fallen.«

Der Soldat wurde bleich.

Die Gefahr, dass das, was der Ausbilder eben geschildert hatte, tatsächlich passierte, mochte hier in Hammelburg relativ gering erscheinen, dennoch war vieles oder sogar alles denkbar.

Die nächsten Tage in der Kaserne waren das Schlimmste, was ich bis dahin in meiner Bundeswehrlaufbahn erlebt hatte, dennoch konnten sie mich nicht im Ansatz auf das vorbereiten, was mich im Kosovo erwartete.

Jeder Einzelne von uns musste ein hartes, im Grunde unmenschliches Vorbereitungsverfahren durchlaufen.

Eines Morgens – nach dem Frühstück – kamen mehrere Ausbilder auf mich zu, fesselten mir die Hände und legten mir eine Augenbinde an. Mit verbundenen Augen führten sie mich durch mehrere Gänge und schließlich hinaus ins Freie. Auf einem Hinterhof, den ich nicht kannte, nahmen sie mir die Augenbinde ab und stellten mich vor einen alten Waschzuber, der mit Wasser gefüllt war.

»Was soll das?«, fragte ich – und wollte mich umdrehen.

Da spürte ich eine Hand, die mich am Hinterkopf mit festem Griff packte und mein Gesicht ohne Gnade in das eiskalte Nass des mit Wasser gefüllten Zubers presste.

Voller Panik versuchte ich unter Wasser zu schreien, doch jeder Laut aus meiner Kehle war nichts weiter als ein Blubbern, so dass keiner der Soldaten auch nur einen Laut hören konnte.

Nach wenigen Sekunden riss der Ausbilder meinen Kopf an den Haaren hoch. Gierig schnappte ich nach Luft.

»Wie heißt du?«, fragte er mit barscher Stimme.

»Daniela«, antwortete ich reflexhaft.

Platsch – sofort drückte er mir den Kopf wieder unters Wasser. Diesmal dauerte es länger, bis ich auftauchen durfte.

Ich atmete kaum durch, da drang dieselbe Frage noch einmal an mein Ohr: »Wie heißt du?«

»Stabsunteroffizier Matijević«, erwiderte ich diesmal.

Auch das wollten sie nicht hören. Schon wieder ging es in den Zuber.

»Wie heißt du?«

»Rumpelstilzchen.«

»Auch noch witzig sein wollen, wie?«

Und zack, wieder drückte der Ausbilder meinen Kopf unter Wasser – sicher für mindestens eine Minute. Ich wurde langsam panisch, denn ich hatte nicht die geringste Ahnung, welche Antwort man von mir erwartete, welche Antwort richtig war.

»Wie heißt du?«

Diesmal sagte ich gar nichts.

»WIE HEISST DU?«, brüllte der Ausbilder so laut, dass mir die Ohren schmerzten.

»Was ist denn die verfickt richtige Antwort?«, brüllte ich zurück.

Patsch, ab ins Wasser.

»Das ist fürs Frechsein«, lautete der Kommentar, als ich mit einem Schrei aus dem Zuber auftauchte.

»Wie heißt du?«

»090675-M21410!«

Stille.

Dann: »Na also, geht doch!«

Man hat mir also den Kopf so lange in das eiskalte Wasser getaucht, bis mir in Leib und Seele eingedrungen war, dass ich, sollte ich im Kosovo dem Feind in die Hände fallen, nicht mehr zu verraten hatte als meine Kennziffer.

090675-M-21410 – wie sollte ich diese Nummer je wieder vergessen?

Zitternd am ganzen Körper ließen mich die Ausbilder stehen, ganze zwanzig Minuten hatte ich zur Verfügung, um mich von der Strapaze zu erholen. Im Anschluss an die wahrlich eindrucksvolle Demonstration ging es nahtlos weiter im Text. Mit meinen Kameraden, die entweder dasselbe erlebt oder noch vor sich hatten, konnte ich über das Vorgefallene nicht reden. Und auch als ich am Abend zu Hause anrief, um zu hören, wie es meiner Mutter ging, erzählte ich nichts.

Auch sonst demonstrierten uns die Ausbilder – möglichst lebensecht, versteht sich –, was uns im Falle einer Kriegsgefangenschaft im Kosovo blühte.

Beispielsweise zwängten sie alle Kursteilnehmer in einen Bus und fuhren mit uns eine Waldstrecke entlang, ohne zu sagen, wohin es ging. Als der Fahrer mitten im Wald anhielt, wähnte ich mich schon am Ziel der Fahrt. Ich rechnete mit einer Geländeübung und spähte auf der Suche nach möglichen Aufgaben aus dem Fenster – als plötzlich eine Horde maskierter Männer den Bus stürmte.

»Keiner rührt sich vom Fleck!«, rief der größte von ihnen, der als Erster in den Bus gepoltert war, während seine Kumpane uns ihre Waffen unter die Nase hielten. »Und wehe, ihr haltet nicht die Fresse, dann gnade euch Gott!«

Mein Sitznachbar zog fragend die Augenbrauen hoch – da kam schon der Anführer der Truppe auf uns zugestürzt. Er packte mich grob am Arm und brachte mich nach draußen. Dort fesselte ein anderer mich mit dem Dreieckstuch, das ich in der Tasche trug, und verband mir die Augen.

Nachdem alle meine Kameraden gefesselt waren, führten sie uns stundenlang durch unwegsames Gelände, zwangen uns im Wald hinzuknien.

»Wehe, einer von euch bewegt sich«, blaffte eine derbe Männerstimme, danach versetzte mir jemand einen groben Stoß in den Rücken.

Während wir reglos verharrten, hörten wir, wie unsere Kameraden nach und nach zum Verhör abgeführt wurden. Ich bekam mit, wie die Männer, die den Bus überfallen hatten, den jungen Soldaten, der im Bus neben mir saß, beschimpften und peinigten, weil er seinen Verlobungsring nicht abnehmen wollte. Jedes Mal, wenn jemand sich weigerte, einen der Befehle auszuführen, wurde er abgeführt und – erschossen. Obwohl ich genau wusste, dass die Erschießungen nur simuliert wurden, machte mir die Situation im Wald sehr zu schaffen, erzeugte sie doch ein realitätsnahes Gefühl von Folter.

»Mitkommen«, brüllte einer der Männer mir ins Ohr, riss mich auf die Füße und zwang mich, mein eigenes Grab auszuheben. Während ich in Schweiß gebadet Erde schaufelte, musste ich die ganze Zeit den Satz wiederholen: »Ich bin scheiße!« Und obwohl ich wusste, dass auch dies nur ein sogenannter »Probedurchlauf« war, glaubte ich den beschämenden Satz nach einer halben Stunde. Selten bin ich mir im Leben so erniedrigt vorgekommen wie in jenen Stunden, die nicht vergehen wollten.

Warum habe ich das mitgemacht?

Letztlich hatte ich doch keine Wahl, denn mit der Unterschrift unter dem Zeitvertrag habe ich mich selbst zur Befehlsempfängerin degradiert. Denken war in meiner Position nicht gefragt, sondern gehorchen und ausführen. Es blieb mir nichts anderes übrig, als die Vorausbildung irgendwie hinter mich zu bringen. Zum Glück hatte ich nur noch anderthalb Wochen in Hammelburg vor mir. Und die überlebte ich tatsächlich.

Am letzten Tag erfuhren wir, wohin es für uns ging.

Wir mussten alle antreten und wurden einer nach dem anderen aufgerufen.

»Matijević?«

»Hier!«

»Kamerad, Sie gehen nach Prizren!«

Scheiße, dachte ich nur, direkt in die Hölle also.

Während ich kurz darauf in meiner Stube zusammenpackte, gingen mir tausend Dinge durch den Kopf. Ich hatte die Situation im Kosovo in den Nachrichten verfolgt und wusste, dass die Lage in Prizren ganz besonders schwierig war. Auch einige Kameraden, die dort stationiert waren, hatten nach ihrer Rückkehr aus dem Einsatzgebiet mit Berichten von unmenschlichen Situationen nicht gegeizt.

Die muslimischen Kosovo-Albaner lieferten sich dort erbitterte Kämpfe mit den vorwiegend katholischen Serben. Diese Kriegsherren schreckten jedenfalls vor nichts zurück. Mit anderen Worten: Ich sollte genau dort eingesetzt werden, wo sich alle Grausamkeit verdichtete.

Wie schon vermutet, hatten sie mich deshalb ausgewählt, weil meine Familie aus Kroatien stammte und ich daher die Landessprache beherrschte.

Auf der Fahrt nach Osnabrück überlegte ich die ganze Zeit, wie ich die üble Neuigkeit meiner Mutter nahebringen sollte. Ich wusste, dass sie entsetzt sein würde. Als ich am Nachmittag meine Schwester traf und ihr meinen Einsatzort offenbarte, bestand ihre Reaktion lediglich aus einem Wort, das meine Situation jedoch nicht treffender hätte beschreiben können.

»Scheiße …«, sagte sie. Und nahm mich in den Arm.

* * *

Zwei Wochen später hatte ich mit meinem Einsatz im Kosovo zu beginnen, der insgesamt achtundachtzig Tage und vier Stunden dauern sollte. Achtundachtzig Tage und vier Stunden, die mein Leben für immer veränderten. Wie besessen verfolgte ich tagtäglich die Nachrichten und sah im Fernsehen ein Land, in dem die Kinder die Soldaten der NATO freundlich begrüßten. In dem die Menschen dankbar für die Hilfe waren, die man ihnen anbot, und gemeinsam mit den Alliierten Kräften nach Lösungen suchten. Dass es nichts weiter war als blendender Schein, davon ahnte ich zu dem Zeitpunkt nichts.

Die Tage vergingen wie im Flug, ich war voll und ganz mit den Vorbereitungen zur Abreise befasst, regelte dies und das, war von morgens bis abends auf den Beinen. Zwischendurch traf ich ein paar Freunde.

»Was nimmst du alles mit?«, fragte mich meine Mutter, als sie mich in meiner Wohnung besuchte.

Sie war nicht die Einzige, die danach fragte. Vermutlich hatte niemand in meinem Umfeld auch nur eine vage Vorstellung davon, was man so alles für einen »militärischen Einsatz mit kriegsähnlichen Zuständen«, wie es politisch korrekt heißt, im Gepäck hat – vor allem als Frau.

»Was denkst du?«, fragte ich zurück. »Ich werde vermutlich eine Uniform und einen Rucksack tragen. Außerdem darf jeder Soldat eine Transportkiste mit persönlichen Dingen in das Einsatzland mitnehmen.«

»Was bedeutet das genau?«, fragte meine Mutter weiter, denn mit meiner Antwort konnte sie nicht viel anfangen.

Ich musste grinsen. »Was die Ausrüstung angeht, die am Mann, also direkt am Körper, getragen wird, ist dies schnell aufgezählt«, erklärte ich und begann: »ABC-Abwehrkarte, Handschuhe, Erste-Hilfe-Handschuhe, Atropin-Spritzen ...« Weiter kam ich nicht.

»Wofür braucht man die denn?«, wollte meine Mutter wissen.

»Na, im Falle eines Giftgasanschlages«, erklärte ich. »Außerdem noch Kampfmittelaufspürpapier, eine fast zwanzig Kilo schwere schuss- und splittersichere Weste, eine P8 in einem Schnellschuss-Holster, das an meinem rechten Bein befestigt wird, einen Helm, Springerstiefel und eine Mütze oder ein Barett als Kopfbedeckung.«

Meine Mutter seufzte. »Das ist aber ganz schön viel, ganz schön schwer auch, mein Kind«, sagte sie.

»Nicht zu vergessen einen Truppenausweis, ein Messer, eine Erkennungsmarke und ein Taschentuch.«

»Wozu das?«, fragte meine Mutter erneut.

»Ganz einfach«, erwiderte ich. »Die Kameraden, die vor kurzem aus dem Einsatz zurückgekehrt sind, haben uns erzählt, es sei mit der wichtigste Teil der Ausrüstung. Man befeuchtet das Taschentuch und legt es sich in den Nacken, um bei den Fahrten vom und ins Camp nicht vor Hitze durchzudrehen.«

Ich war noch nicht fertig. »Im Rucksack sind dann noch ein Handtuch, Schlafsack, Isoliermatte, Klappspaten, Essgeschirr und, ganz wichtig, die Wasserflasche.«

Meine Mutter war sichtlich beeindruckt von der Liste, dabei war das ja wirklich nur das Allernötigste. Im Kosovo sollte ich endültig lernen, mit wenig auszukommen.

***

Am Nachmittag des 6. August 1999 brachten mich einige Freunde zu der Kaserne, die als Ausgangsort für das 2. Kontingent KFOR[2] fungierte. Sie lag irgendwo in Mitteldeutschland, ich kann heute nicht mehr genau sagen, wo. Der Abschied geschah schnell und ohne große Worte, das wollte ich so. Je schneller ich weg bin, desto eher kann ich zurück, dachte ich.

Was mir bei dem Einsatz alles zustoßen konnte, darüber wollte ich nicht weiter nachdenken, ob ich überhaupt gesund heimkehren würde zum Beispiel. Ich hatte mich dieser Aufgabe zu stel-

---

2 Kosovo Force

len, daran war nun mal nicht zu rütteln, daher wollte ich mich im Vorhinein nicht verrückt machen.

Der Auftrag des 2. Kontingents KFOR bestand darin, den Frieden im Kosovo weiter zu sichern, beim Wiederaufbau des Landes zu helfen und obendrein humanitäre sowie medizinische Hilfe zu leisten.

Keine Stunde, nachdem ich mich von meinen Freunden verabschiedet hatte, flog ich gemeinsam mit allen anderen für dieses Kontingent befohlenen Soldaten vom Militärflughafen Köln/Wahn direkt nach Tetovo. In diesem albanischen Ort befand sich das sogenannte »Vorcamp« für den Kosovo.

Mit einem mulmigen Gefühl schaute ich aus dem Fenster der steigenden Maschine auf deutsche Wiesen und Felder. Mir war unklar, was mich erwartete, doch damit, dass Tetovo in Wahrheit das Vorcamp zur Hölle war, hätte ich im Leben nicht gerechnet.

*Nicht der Sieg
ist dem Kämpfer
die größte Ehre,
sondern das Geschenk,
den Kampf überlebt zu haben.*

3.

Auf dem Rollfeld des Flughafens von Tetovo warteten drei Busse, mit denen wir in das Lager der deutschen Truppen gebracht wurden. Drei Busse, bis auf den letzten Platz besetzt mit frischen, unverbrauchten deutschen Soldaten. In Tetovo brauchten wir vorerst keinen Geleitschutz – am nächsten Tag, auf dem Weg in den Kosovo, sollte das anders aussehen.

Ich saß im hinteren Teil eines der Busse auf einem Fensterplatz und betrachtete die vorbeiziehende karge Landschaft. Alles wirkte ausgedörrt, als hätte sich das Leben aus dieser Region verabschiedet.

Als wir im Lager ankamen, war ich völlig durchgeschwitzt und hätte mich am liebsten sofort unter die Dusche gestellt, doch zunächst wurden wir auf die Zelte verteilt. Wir durften nur kurz unsere Sachen ablegen, dann mussten wir auch schon antreten.

Der Feldwebel, der uns in Empfang nahm, raubte uns sofort jegliche Illusionen. In Deutschland hatte man uns mit einer

Splitterschutzweste ausgestattet, die uns, wie wir nun erfuhren, im Falle eines Anschlages leider kein bisschen schützen würde.

»Ich rate euch, auf vermintem Gebiet eine Bristol zu tragen«, erklärte er fast schon spöttisch, während wir ihn ungläubig anstarrten.

Ich war fassungslos. Wie konnte es sein, dass wir derart unzureichend geschützt waren? Nun sollten wir unsere Schutzwesten auf den Müll werfen und stattdessen diese knapp sechzehn Kilo schwere Zumutung namens Bristol anlegen, in der Hoffnung, dass wir dann mit heiler Haut davonkamen. Indem ich mehrmals tief ein- und ausatmete, versuchte ich, meine Wut zu zügeln und mich auf die Worte des Feldwebels zu konzentrieren. Schließlich konnte von ihnen mein Leben abhängen.

»Wenn ihr allerdings beschossen werdet und ihr kriegt ein Projektil direkt in die Fresse, dann hilft euch leider auch keine Bristol der Welt. Viel Glück also«, das war sein abschließender Kommentar, ehe er uns wegtreten ließ.

Als Nächstes stand Haareschneiden an. Die fast schon unerträglich hohen Temperaturen in Albanien und die Tatsache, dass wir zum Duschen bald nur noch wenige Minuten Zeit haben würden, ließen mich radikal werden. Spontan beschloss ich, mir den Schädel kahlscheren zu lassen. Allein beim Gedanken an kaltes Wasser unmittelbar auf der Kopfhaut fühlte ich mich sofort wohler.

Alle standen um mich herum, gaben Kommentare zu meinem »Kahlschlag« ab, pfiffen und johlten, doch es war mir gleich. Zugegeben: Ich sah nach meinem Besuch beim Barbier aus wie GI Jane, doch der Wind kühlte angenehm meinen Kopf, was mir einigen Spott wert war.

Kahlgeschoren machte ich mich auf den Weg zu dem schäbigen alten Zehnmannzelt, das man mir zugeteilt hatte. Ich war gerade dabei, die mehr als spartanische Behausung zu betreten, in der es gefühlte fünfzig Grad heiß war und wo es obendrein übel roch, da polterte mir ein weiblicher Oberfeldwebel entgegen.

Schlecht gelaunt musterte sie mich von oben bis unten und sagte abfällig:»Ah, neue Tappsies.«

Leicht verunsichert stand ich da und fragte mich, was das wohl heißen sollte. Vermutlich war es die Bezeichnung für Neulinge im Einsatzland. Ich ging auf den Oberfeldwebel zu, streckte ihr die Hand entgegen.»Hallo, ich bin Daniela«, sagte ich unbedarft.

»Kohlbrecher mein Name. Und mein Vorname ist für SIE immer noch Frau Oberfeldwebel! Schwachsinnige Tappsies …«

Schon wandte sie sich grimmig ab, ließ mich stehen.

Das war meine erste Begegnung mit einer Kameradin, der es bei diesem Einsatz letzten Endes nicht besser ergehen sollte als mir.

✳ ✳ ✳

Der Rest des Tages verging wie im Flug, und der nächste Morgen kam eher als gedacht. Ich hatte die halbe Nacht an die Decke des überhitzten Zeltes gestarrt. So langsam bekam ich eine leise Ahnung davon, was alles auf uns zukommen konnte.

Nach dem Frühstück setzten sich meine Kameraden vom 2. Kontingent KFOR und ich, bewaffnet mit der am Vortag ausgehändigten Bristol, einer Pistole und einem Helm, bei fünfundvierzig Grad Celsius im Schatten in die drei Busse. Die Fahrt war eine einzige Tortur, denn wir fuhren den halben Tag lang über sich schier unendlich windende Serpentinen. Zwei Panzer begleiteten unseren Konvoi als Vor- und Nachhut. Sie sollten uns schützen.

»Was soll das?«, fragte eine der Soldatinnen eine Reihe hinter mir.

Ich drehte mich zu ihr um. »Na ja, die Menschen hier im Kosovo scheinen nicht gerade zimperlich zu sein, wenn die NATO ihre eigenen Soldaten dermaßen schützen muss.«

Sie riss die Augen auf, sagte jedoch nichts mehr, daher drehte ich mich wieder um und versuchte ein wenig zu dösen – vergeblich.

Um 19.00 Uhr erreichten wir endlich das mehrfach gesicherte Camp der NATO, die Multinational Brigade South in Prizren.

Wir waren gerade ausgestiegen und streckten unsere müden und steifen Glieder, da kam der Spieß auf uns zu. Wir nahmen Haltung an, doch er winkte ab. »Legen Sie die Waffen ab«, forderte er uns auf, ehe er ein paar Worte sprach und zur Begrüßung jedem eine Dose Bier reichte.

Er schlenderte an den zusammenstehenden Grüppchen vorbei, und als er nur noch wenige Meter von mir entfernt war, fragte er: »Kamerad Matijević?«

»Hier!« Ich hob die Hand.

»Wir haben für Sie eine Nachricht aus Deutschland«, erklärte mir der Spieß zu meinem Erstaunen. »Herzlichen Glückwunsch. Ihre Schwester hat einen gesunden Jungen zur Welt gebracht. Sie sind nun Tante.« Mit einem Lächeln wandte er sich ab.

Auch wenn einige meiner Kameraden mich ebenfalls beglückwünschten, in diesem Moment war ich der einsamste Soldat der Welt. Die Einsamkeit, die ich in jenen Minuten empfand, kannte ich bisher nur von Friedrich Nietzsche. Dass ich die Schilderung von Einsamkeit aus des großen Philosophen Werk einmal auf mich beziehen müsste, das hätte ich nie für möglich gehalten …

Ich hätte wahnsinnig gerne zu Hause angerufen und meine Mutter mit Fragen gelöchert, schließlich wusste ich nicht einmal, wie mein kleiner Neffe hieß. Doch Handys waren damals noch nicht verbreitet, und vom Satellitencontainer, den British Telecom für die Soldaten im Camp errichtet hatte, wusste ich so kurz nach meiner Ankunft leider nichts.

Nachdem wir das Begrüßungsbier ausgetrunken hatten, führten uns jene Kameraden, die schon seit einiger Zeit vor Ort waren, zu unserem Quartier. Es war in der mit Massen von Kartons gefüllten Lagerhalle einer halb verfallenen alten Garnfabrik untergebracht.

Bei dem erbärmlichen Anblick unseres Quartiers, auch »Bronx« genannt, musste ich schlucken. Man hatte in der riesigen Halle eine winzig kleine Ecke freigeräumt. Dort waren unsere Zelte aufgebaut. Über ihnen spannte sich ein Dach mit einer zentimeterdicken Asbestschicht, die langsam, aber stetig herabrieselte. Aus einem der Zelte tönte es »Willkommen in der Hölle«.

Das Zehnmannzelt, dem ich zugeteilt worden war, war mit zwanzig Frauen bereits dicht belegt. Die Zahnärztin Johanna, die mit mir aus Tetovo gekommen war und ihren Kollegen vor Ort ablösen sollte, quetschte sich gemeinsam mit mir, als Nummer einundzwanzig und zweiundzwanzig, hinein.

Eilig suchte ich mir ein freies Feldbett und richtete mich notdürftig auf knapp zwei Quadratmetern für die erste Nacht ein. Wie die anderen bemühte ich mich um ein bisschen Privatsphäre, doch es gab keine menschliche Regung, die unentdeckt geblieben wäre. Dinge wie Privatsphäre oder Intimität gehörten scheinbar zu einem Leben, das Tausende Kilometer hinter mir lag.

Außer Johanna kannte ich niemanden. Ich war erleichtert, als sie das Bett unter mir bezog.

»Gräm dich nicht«, lautete ihr knapper Kommentar zu den Zuständen im Quartier – offenbar konnte sie mir deutlich ansehen, wie ich mich fühlte.

Die anderen Frauen schienen bereits abgehärtet, unterhielten sich jedenfalls zum Teil ausgelassen. Sie kannten den Alltag im Einsatz und waren nicht sonderlich erpicht darauf, ihren wohl verdienten Feierabend mit uns Tappsies zu verbringen.

Lediglich geduldet, versuchten Johanna und ich die gewohnten Abläufe im Zelt möglichst nicht zu stören. Doch egal, was wir taten, die anderen Frauen betrachteten uns wohl als Eindringlinge.

»Kann ich die Steckdose hier benutzen?«, fragte ich in den Raum hinein, nachdem ich meinen Waschbeutel und ein paar Klamotten ausgepackt hatte.

»Klappe halten, Steckdose nehmen, wenn Steckdose da, und gut ist«, blaffte mich die »freundliche« Frau Oberfeldwebel an, die ich schon aus Tetovo kannte und die im Bett gegenüber lag. Finster musterte sie mich aus ihren stahlblauen Augen, und es bestand kein Zweifel daran, was sie von mir hielt.

Das kann ja eine harmonische Zeit werden, dachte ich nur und drehte ihr den Rücken zu.

Die Dusche am ersten Abend im Lager genoss ich sehr, auch wenn sich meine Befürchtungen bewahrheiteten: Keinem Soldaten standen mehr als zwei Minuten für Körperpflege zu. Wer zu lange unter dem warmen Wasserstrahl stand, bekam den Unmut der anderen zu spüren. So auch ich.

Während ich mir nämlich gerade Shampoo auf dem Kopf verteilte, stand eine meiner Kameradinnen schon ungeduldig vor der Dusche und komplimentierte mich mit einem »Jetzt sieh aber mal zu!« aus der Kabine.

Wasser war in dieser Region nun mal ein zu kostbares Gut, als dass man es zu ausgiebig fürs Duschen hätte verschwenden können.

Ich wusch mir schnell das Shampoo vom Kopf und trollte mich zurück in mein Zelt. Eine halbe Stunde später schlief ich vor Erschöpfung ein. Es sollte für lange Zeit die letzte Nacht ohne Alpträume sein.

✳ ✳ ✳

Am nächsten Morgen suchte ich noch vor dem Frühstück ein paar Kartons und herumliegende Holzteile zusammen, um mir daraus ein Regal zusammenzuzimmern, das gleichzeitig als Nachtschrank fungieren sollte. Johanna beobachtete mich stumm, und auch ich sprach kein Wort, war doch das Entsetzen über den Zustand unserer Unterkunft zu gegenwärtig.

»Mach es dir bloß nicht zu bequem. Nicht, dass du dich hier bald wohlfühlst und am Ende nicht mehr zurückwillst«, witzelte eine altgediente Kameradin, die mir zusah.

»Du kannst dir einen echten Mahagonischrank neben dein Bett stellen, an der brüllenden Hitze und den durchgeknallten Einheimischen ändert das gar nichts. Ich bin seit drei Monaten hier, ich weiß es.« Damit verließ sie mich .

Im ersten Moment war ich stinksauer, ärgerte mich über das dämliche Gerede – woher hätte ich auch wissen sollen, dass ich sehr bald schon genauso denken würde.

Nachdem ich mehr schlecht als recht etwas Schrankähnliches für meine Sachen zusammengeschustert hatte, fragte ich Johanna: »Wie spät ist es? Müssen wir schon zum Frühstück?«

»Ein paar Minuten hast du noch«, erwiderte sie und begann, ihr Bett zu machen.

Also entnahm ich der Transportbox schnell meine Habseligkeiten, um sie vorsichtig einzusortieren. Zuerst griff ich nach dem CD-Player.

»So einen hab ich auch dabei« sagte Johanna.

Darauf ich: »Der ist überlebenswichtig. Nichts geht ohne Musik, oder?«

Sie nickte, und ich räumte hastig weiter: Kulturbeutel mit Waschzeug, Parfüm, Cremes und Tiegel, Schuhputzzeug, Baseballcap für den Bad-Hair-Day, Toilettenpapier, Wurfmesser, Utensilien für die Reinigung der Waffen, Wasserkocher, Tee, Handschuhe, Taschentücher, Notizbücher, Stifte, Tagebücher, Fotokamera samt Filmen,

Videokamera, Regenschutz, Turnschuhe, Sportzeug, Badeanzug, Badeschlappen, Sonnenbrille, Sonnenschutz, dicke Socken, Handtücher in allen Formen und Größen und Rei in der Tube.

»Du bist ja wie für die Ewigkeit ausgestattet«, meinte Johanna erstaunt.

»Wieso?«, fragte ich und räumte meine Uniform zum Wechseln und ein paar Jeans, Pullis und T-Shirts ein.

»Das hier ist ja ein ganzer Jahresvorrat«, sagte sie und deutete auf den Kaugummistapel. »Wir sind hier dreitausendsechshundert Mann. Wenn da jeder so viel Zeug mit in den Einsatz schleppen würde wie du, wäre es noch knapper mit dem Platz.«

»Meine Kameraden zu Hause haben mich vorgewarnt«, erklärte ich. »Es soll hier schwer sein, Kaugummis aufzutreiben. Keiner der Einheimischen soll wissen, wie die Dinger heißen, wie sie schmecken sowieso nicht.«

»Wahrscheinlich hast du Recht.« Johanna reichte mir meinen Plastikteller und mein Essbesteck. Alle Kameradinnen waren schon beim Frühstück, und wir wollten auf gar keinen Fall zu spät in der Feldküche auftauchen.

»Ach du Schreck«, sagte Johanna. »Geschirr und Besteck habe ich nicht dabei. «

Ich winkte ab. »Keine Sorge. Ich habe noch ein Set in meiner Kiste, das kannst du haben. Du sollst nicht aus der hohlen Hand essen müssen. Bloß weil die Jungs in der Küche es nicht schaffen, Geschirr zu spülen.«

»Stimmt, die sind ja schon mit dem Zubereiten der Mahlzeiten überfordert. Der ungenießbaren Mahlzeiten.«

Wir lachten. Noch lachten wir. Dabei wussten wir da noch gar nicht, was uns in der Feldküche erwartete.

Zuletzt klebte ich noch einige Bilder meiner Lieben zu Hause mit Panzertape an die Zeltwand. Dann gab ich Johanna ein Zeichen – wir gingen frühstücken.

Auf dem Weg zum Küchenzelt knurrte mein Magen. Ich freute mich sehr auf einen Kaffee und aufs Essen.

Fünf Minuten später saßen wir – Johanna und ich – uns gegenüber, schauten uns mit großen Augen an, unsere Mägen knurrten nach wie vor. Wir mussten enttäuscht feststellen, dass sich unsere Vorstellung von Frühstück so gar nicht mit dem deckte, was die Feldküche hergab. Das Brot hätte locker als Hammer benutzt werden können, der Käse war an den Rändern bretthart, und der Kaffee schlichtweg ungenießbar. Lediglich der Weichkäse schmeckte einigermaßen, also hielten wir uns ausschließlich an den.

»Komm, es ist besser als gar nichts«, sagte Johanna ermunternd.

»Bist du dir wirklich sicher?«, fragte ich und überlegte, was ich mir demnächst von zu Hause schicken lassen würde.

»Stimmt schon. Ich habe Hunger, bin aber noch nicht verzweifelt genug, um das hier zu essen. Komm, wir hauen ab«, sagte Johanna.

Wir traten aus dem Zelt und verabschiedeten uns kurz darauf.

Ich machte mich auf die Suche nach der Intensivstation, wo ich meinen Dienst beginnen sollte.

Ein Kamerad, den ich nach dem Weg fragte, brachte mich zum Zelt meines Vorgesetzten, Herrn Hauptfeldwebel Michael Kuhrau. Der sympathische, attraktive Mann mit einem Gardemaß von gut 1,90 Metern hieß mich freundlich willkommen. Er war ein witziger Typ, der Harald Schmidt unglaublich ähnlich sah und seinen Humor auch hier im Kosovo nicht verloren hatte. Nach einer kurzen theoretischen Einführung teilte er mich sogleich in den Tagdienst ein und stellte mich meinen Kollegen vor. Justus, der Chirurg der OP-Gruppe, nahm sich meiner an und wies mich ein – so gut wie möglich.

Für lange Reden war nämlich keine Zeit, denn ich musste sogleich meinen ersten Patienten behandeln. Der große, schlanke, etwa fünfunddreißigjährige Albaner hatte bei einem Brand gut dreißig Prozent seiner Hautoberfläche eingebüßt und saß mit schmerzverzerrtem Gesicht vor mir. Grimmig schaute er mich an, als ich seine Wunden versorgte und nachdem ich ihm einen Verband angelegt hatte, warf er mir einen hasserfüllten Blick zu, der Bände sprach. Es war ihm ein Dorn im Auge, dass sich eine Frau um ihn kümmerte und kein in seinen Augen kompetenterer Mann.

Kaum war ich fertig, bekam ich von meinem Kollegen Florian aus der Notaufnahme die nächste Aufgabe zugeteilt – und Schlag auf Schlag ging es den ganzen Tag. Ich hatte kaum Zeit, um auf die Toilette zu gehen, und für sentimentale Gefühle blieb auch kein Raum. Irgendwann schaltete sich mein Gehirn aus, und ich funktionierte nur noch, wechselte Verbände, stillte blutende Wunden, bandagierte Arme und Beine, verabreichte Medikamente – alles, ohne die Menschen vor mir wirklich wahrzunehmen.

Am Nachmittag musste ich gleich eine bittere Erfahrung machen, denn ich verlor meine erste Patientin: Sie erlag einem postoperativen Lungenödem.

Kurz bevor sie starb, sah ich die gut fünfzigjährige Frau, die bleich und völlig abgemagert auf dem Bett lag, lange an. Ihr Atem ging nur noch schwach, das Herz schlug unregelmäßig, sie kämpfte mit letzter Kraft um ihr Leben.

Da trat der Arzt vom Dienst, auch AvD genannt, neben mich. »Die wird nicht mehr«, sagte er gefühlskalt und erklärte mir, in welchem Stadium des Sterbens sich die Frau gerade befand.

Eineinhalb Stunden sahen wir ihr beim Sterben zu und konnten nichts für sie tun. Für uns war sie eine Patientin, eine einheimische Patientin, aber ich bezweifle, dass einer von uns sie auch als Mensch sah. Ich bin mir nicht sicher, ob wir ihr Leiden hätten verkürzen können, und fast hatte ich den Eindruck, der AvD habe beschlossen, unsere Energie und Medikamente für die deutschen Soldaten aufzubewahren. Damals aber, als ich vor dem Bett der Sterbenden postiert war, fühlte ich nichts. Kurz bevor jene Patientin endgültig erlöst wurde, setzte eine Schnappatmung bei ihr ein. Wir verfolgten, wie ihr EKG abflachte und der Herzschlag immer schwächer wurde, bis er schließlich ganz ausblieb – Tod kannte ich bisher nur aus Lehrbüchern, so dass ich staunend zuschaute.

War es spannend? Ja.

Waren wir unmenschlich? Auf jeden Fall professionell.

Jawohl. Vielleicht verloren wir damals jeden Bezug zur Menschlichkeit ...

In Anbetracht aller Schmerzen in mir,
ist Stille die einzige Konstante,
die ich mir erträumen darf.

4.

Dass wir im Camp mit allem rechnen konnten, nur mit einem nicht, nämlich nahrhaftem, ausgewogenem Essen, stellten Johanna und ich bereits bei unserem ersten Gang ins Küchenzelt fest. Allerdings hegten wir da noch die zarte Hoffnung, dass nicht alle Mahlzeiten so ungenießbar sein würden wie unser erstes Frühstück. Nun denn, die Hoffnung währte nicht lange.

Als wir am nächsten Tag mittags mit unserem Teller samt Besteck das Küchenzelt betraten, tischte man uns eine Suppe und eine Hauptspeise auf, bestehend aus Kartoffelpampe mit nicht näher bestimmbaren Beilagen – definitiv kein Fleisch –, und zum Nachtisch Götterspeise.

»Das kann man doch unmöglich alles auf denselben Teller tun«, sagte ich zu Johanna, als wir vor der Essensausgabe standen.

»Oh doch«, sagte sie und deutete auf den Kameraden vor uns, auf dessen Teller die Suppe um das Hauptgericht schwamm.

Da war ich auch schon dran, und der Küchenbulle kippte mit einer riesigen Kelle erst die »Suppe«, dann die »Hauptspeise«

und schließlich den »Nachtisch« in meinen tiefen Plastikteller. »Guten Appetit«, wünschte er mir mit einem süffisanten Grinsen.

Da ich davon ausging, dass er über den genauen Inhalt des Breis auf meinem Teller Bescheid wusste, bereitete mir sein Grinsen Kopfzerbrechen.

Und tatsächlich: Das Essen stellte nicht nur eine schwere Beleidigung für meine Geschmacksknospen dar, ich fand auch noch eine dicke Fliege darin.

»Igitt!«, rief ich und hielt Johanna die Gabel mit der ungewöhnlichen Proteinbeilage hin.

Sie verzog das Gesicht und hörte sofort auf zu essen.

»Meint ihr, dass wir diesen Einsatz überleben werden?«, warf die Kameradin ein, die mir gegenübersaß und am selben Tag wie wir im Lager angekommen war.

Wir schüttelten beide nur stumm die Köpfe.

»Wir werden vielleicht keine Opfer von Anschlägen oder Unfällen, aber ich bin mir nicht sicher, ob wir die fiesen Attacken der Küchenbullen überstehen«, sagte die Kameradin und ließ die Pampe von ihrer Gabel tropfen.

Alle sechs Frauen am Tisch beobachteten, wie die Klumpen auf den Teller fielen, nur um Sekunden später in einer Tunke aus Fettaugen und weißen Stückchen von undefinierbaren Substanzen zu versinken.

»Keine Frage«, sagte ich mit Galgenhumor, »wenn wir das Essen hier im Camp überleben, haben wir die größte Gefahr hinter uns.«

Die anderen kicherten nur, weiteressen wollte nach meinem Fliegenfund jedoch keine von uns.

Es gibt Schlimmeres, dachte ich auf dem Weg nach draußen. Böse Zungen behaupteten allerdings: nicht *viel* Schlimmeres.

Das Erlebnis beim Mittagessen sollte lediglich der Anfang der kulinarischen Horrorvisionen sein. Am schlimmsten waren die

Tage, an denen die Küche überhaupt nichts Essbares hervorzaubern konnte. Einen Vorwurf kann ich den armen Kameraden am Herd allerdings nicht machen: Aus dem Nichts lässt sich nichts zaubern.

Leider kam es immer wieder zu Versorgungsengpässen, da die Logistiker im Camp vorrangig damit beschäftigt waren, die Unterkünfte und das Lager abzusichern. Um den Nachschub von Lebensmitteln – von einer abwechslungsreichen und nahrhaften Kost ganz zu schweigen – kümmerte sich zu der Zeit, als ich im Kosovo war, jedenfalls keiner so richtig.

Für unsere Vorgesetzten und die höheren Dienstgrade sah es nicht besser aus, denn sie bekamen das Gleiche vorgesetzt wie wir. Wir alle versuchten von der Pampe, die das Küchenteam »Essen« nannte, satt zu werden. Gesunde Ernährung sah, roch und schmeckte aber anders, so viel war sicher. Vermutlich hat mein Körper noch nie über eine so lange Zeit so wenig Nährstoffe aufgenommen.

Als Folge begann sich schon bald der ständige Hunger auf die Stimmung der Truppe auszuwirken – zu deren Nachteil natürlich.

Gott sei Dank gab es unter den Küchenbullen immerhin einige sehr einfallsreiche Kameraden, die uns an so manchem Tag mit ihren wo auch immer gestohlenen Kartoffeln sowie Knoblauch retteten. Von wo sie die begehrten Knollen besorgten, wagte niemand von uns zu fragen. Es ist bekanntlich so: Wer Fragen stellt, bekommt Antworten. Je weniger wir aber über die genaueren Umstände Bescheid wussten, desto besser – sollte es eines Tages tatsächlich zum Verhör kommen.

Eines Abends, ich kam gerade mit einigen Kameraden von einer langen Fahrt durch die umliegenden Dörfer zurück, hörte ich Musik und Stimmengemurmel.

Mit schmerzendem Rücken stieg ich aus dem Wolf, dem jeepähnlichen Militärfahrzeug, und reckte die Glieder, die nach über zwölf Stunden bei sengender Hitze in der engen Bristol völlig malträtiert waren. Da entdeckte ich, dass in der »Bronx«, wie wir den überdachten Platz mit dem Betreuungszelt mitten im Camp nannten, einiges los war.

Die provisorische Sitzgelegenheit, die »Bronx« eben, sollte den Soldaten eine Möglichkeit bieten, sich in der knappen freien Zeit, bei einer Dose Cola oder Bier das Alltagsgeschehen von der Seele zu reden. Die Getränkeausgabe war fast rund um die Uhr geöffnet, und wir wechselten uns alle mit dem Dienst hinter der Theke ab. Letztlich war die »Bronx« eine Art Aufenthaltsort zwischen den Welten, denn kaum trat man aus dem fremden Kosovo in diese Vorhalle und auf die zusammengeschusterten Sitzgelegenheiten, war einem Deutschland ein kleines Stück näher. Hier lief westliche Musik, man sah vertraute Gesichter und fand immer jemanden, mit dem man sprechen konnte – und das wurde mit jedem Tag, der verging, wichtiger.

An jenem Abend saßen etwa zwanzig meiner Kameraden gut gelaunt um ein Feuer, tranken Bier und holten Kartoffeln in Alufolie aus der Glut. Ein heftiger Knoblauchgeruch drang zu mir und zog mich geradezu magisch an. Für den Bruchteil einer Sekunde dachte ich sogar, ich wäre auf der Terrasse meines Lieblingsgriechen in Osnabrück.

»Hallo, Jungs«, sagte ich, »bitte lasst mir was übrig. Ich bin gleich da.«

»Dann beeil dich aber«, erwiderte ein Kamerad, der gerade genüsslich in eine eingeölte Kartoffel biss, das Öl lief ihm dabei übers Kinn.

So schnell wie an jenem Abend hatte ich noch nie meinen Helm, die Pistole und die Bristol im Zelt deponiert. Eigentlich hatte ich mich auf eine erfrischende Dusche gefreut, doch dieses Vorhaben war nun zweitrangig. Ich warf die Sachen auf mein Feldbett und gesellte mich zu den anderen.

Udo, ein netter Schwabe, der oft unter Heimweh litt, öffnete eine Bierdose für mich. Ich bedankte mich und nahm einen tiefen Schluck.

Ein anderer Kamerad reichte mir eine gegarte Kartoffel auf einem Holzspieß. Ungeachtet der Hitze, biss ich herzhaft hinein. Die Kartoffel, gespickt mit Unmengen von Knoblauch, schmeckte so gut wie schon lange nichts mehr.

Ein anderes Mal ging der Hunger sogar so weit, dass wir bei einer unserer Patrouillenfahrten einen streunenden Hund sahen und uns das Wasser im Mund zusammenlief.

»Seht nur«, rief einer meiner Kameraden und deutete aus dem Seitenfenster auf den Hund, »da läuft ein Döner!«

Im ersten Moment musste ich lachen, aber als der Fahrer anhielt und zwei Kameraden ausstiegen, um den Hund einzufangen, konnte ich es kaum erwarten, dass wir ins Camp zurückkehrten. Vor meiner Zeit im Kosovo hätte ich sicher gedacht: Igitt, wie kann man nur einen Hund essen? Aber damals wusste ich noch nicht, wie schlimm Hunger sein kann.

Ich erinnere mich nicht mehr genau, wer von meinen Kameraden sich des armen Tieres annahm und wie er es schaffte, aus dem mageren Wesen letztendlich eine so leckere Mahlzeit zuzubereiten. Da mein Hunger auf Fleisch fast schon animalische Ausmaße annahm, spielte das Wie nun wahrlich keine Rolle. Ich glaube, ich habe in meinem Leben noch nie – weder davor noch danach – etwas mit so viel Inbrunst gegessen wie an jenem Tag.

»Lecker«, sagte ich, als ich fertig war und meinen Teller am liebsten abgeschleckt hätte.

»Ja, das war wirklich super«, bestätigte Claudia, eine Kameradin, die im Zelt neben mir schlief.

»Wenn ich das meiner Mutter erzähle, wird sie einen Schreikrampf kriegen«, meinte Johanna nur, die den Hund ebenfalls mit großem Appetit verschlungen hatte. »Ich kann sie förmlich sagen hören: ›Wie kann man sich nur dazu herablassen, Hunde zu essen.‹«

»Pah!«, erwiderte ich daraufhin. »Deine Mutter hat eben noch nie im Leben so einen Kohldampf geschoben!«

* * *

In unserem mit einundzwanzig Frauen belegten Zehnmannzelt galt ein ungeschriebenes, aber heiliges Gesetz: Wenn eine von uns von zu Hause ein Lebensmittelpaket erhielt, dann musste der komplette Inhalt unter allen Anwesenden gerecht aufgeteilt werden.

Klar, so manche Kameradin hätte den Paketinhalt lieber für sich behalten, und auch ich musste mehr als einmal schwer schlucken, wenn es ans Teilen ging.

Einmal hatte mir meine Schwester drei Zehnerpacks Duplo geschickt, weil sie wusste, dass ich die besonders gerne aß. Ich hatte kaum Zeit, die liebe Karte zu lesen, die sie mit in das Päckchen gesteckt hatte, da kam auch schon die erste Kameradin auf mich zu.

»Na, was hast du denn da Leckeres?«, fragte Sonja, die immer eine der Ersten war, wenn es etwas zu verteilen gab – sie hatte stets Angst, zu kurz zu kommen.

»Hmmm, Duplo!«, rief da auch schon Carmen, die wie aus dem Nichts vor mir auftauchte.

»He, ich will auch was abhaben«, meldete sich Johanna zu Wort, die gerade von der Toilette zurückkam.

»Moment mal, keine Sorge, ihr bekommt schon alle euren Anteil«, sagte ich und wendete mich ab, um die Zeilen auf der Karte zu lesen.

Es war unmöglich.

Wieder einmal stieß es mir bitter auf, dass ich in der ganzen Zeit, die ich nun schon hier war, nicht eine Sekunde alleine, ganz für mich sein konnte. Höchstens auf der Toilette oder unter der Dusche konnte man mal ungestört sein, aber selbst das in der Regel nur für wenige Minuten. Gelegentlich träumte ich von Stille, von einem Ort ganz für mich allein, an dem ich meinen Gedanken nachhängen oder das verarbeiten konnte, was ich tagtäglich an Grauen erlebte. Es sollte aber ein Traum bleiben.

»Hier!« Ich öffnete das erste Zehnerpack, und ehe ich einmal tief Luft holen konnte, war es leer. Genauso erging es mir mit dem zweiten und dem dritten. Am Ende blieben mir nur wenige Zentimeter von der sogenannten längsten Praline der Welt. Geschmeckt hat sie mir trotzdem.

Ein andermal öffnete ich mit vor Hunger zitternden Händen die langersehnte Post aus der Heimat, hatte drei Dosen mit Wiener Würstchen vor mir liegen und konnte am Ende, nachdem alle ihren Anteil bekommen hatten, gerade mal ein halbes Würstchen essen. Das war schon bitter. Aber was hätte ich tun sollen? Wir waren nun mal Kameraden im Einsatz, und da lautete die Devise: einer für alle und alle für einen.

Irgendwann entwickelte ich eine Vorliebe für die 5-Minuten-Terrine und ähnliche Fertiggerichte, bei denen man nichts weiter brauchte als heißes Wasser, um eine warme, relativ schmackhafte Mahlzeit zuzubereiten. Bevor ich zum Einsatz in den Kosovo aufbrach, hatte ich keine Fertiggerichte gegessen, ich hatte nicht einmal das Bedürfnis, sie zu probieren. Doch während einer meiner schmerzhaften Heißhungerattacken musste ich zusehen, wie ein Kamerad mit Genuss seine Terrine löffelte. Und ab da wurde vieles anders …

»Hast du noch mehr davon?«, fragte ich ihn, während ich mit gierigem Blick neben ihm am Tisch saß.

»Hmhm«, nuschelte er mit vollem Mund.

»Willst du mir nicht eine verkaufen?«, fragte ich.

Er schüttelte den Kopf.

»Ich zahle dir, was du willst«, versuchte ich ihn zu locken. Er blieb standhaft. Dabei hätte ich sie ihm sogar in Gold aufgewogen.

Wutschnaubend stürmte ich davon, als mich Klaas, der schmatzende Kamerad zurückpfiff. »Ich kann dir wohl eine schenken«, zwinkerte er.

Ich hatte den ganzen Tag in sengender Hitze gearbeitet und war völlig erschöpft und ausgehungert. An solchen Abenden gab es nichts Schlimmeres, als ins Essenszelt zu laufen und wieder einmal feststellen zu müssen, dass der uns vorgesetzte Fraß ungenießbar war.

Gleich am nächsten Morgen rief ich über das Satellitentelefon zu Hause an und bat meine Mutter, mir ein XXL-Paket von der Post mit zwanzig Terrinen zu schicken.

Es kam nur selten vor, dass jemand nicht teilte. Meist steuerte in unserem Frauenzelt jede das bei, was sie gerade da hatte. Und oft warfen wir alles, was wir auftreiben konnten, in die Mitte des Zeltes zusammen.

Auf diese Art und Weise kam so manches seltsame Menü zustande, aber wir waren inzwischen abgehärtet. Keine von uns wollte zu kurz kommen, daher aßen wir alles, was wir in die Finger bekamen. Auch wenn es Würstchen mit Schokoladenrosinen und Knoblauchzehen waren, gespickt mit Gewürzgurken und Kartoffelchips, geschwenkt in einer Idee Gummibärchen oder Oliven.

Es war wahrlich nicht alles lecker, was wir da so miteinander kombinierten, aber es füllte den Magen. Und nur das zählte. Außerdem hatten wir bei den Gelagen ausgiebig Gelegenheit, die Geschehnisse des Tages zu besprechen, über sie zu lachen oder gemeinsam zu weinen.

Natürlich hätte sich jede von uns, dem Beispiel des Kameraden mit der 5-Minuten-Terrine folgend, sagen können: Wenn ich Hunger habe, sehe ich erstmal zu, dass ich selbst satt bin, bevor ich den anderen etwas abgebe. Zum Glück sahen wir es anders.

Der Sinn von Kameradschaft war und ist für mich, sich gegenseitig zu stützen, wenn der eine mal nicht mehr gehen kann. Zuzuhören, füreinander da zu sein. Darüber hinaus war es eine ganz einfache Rechnung: Jede Einzelne von uns ging wesentlich öfter zumindest einigermaßen satt ins Bett, wenn wir unsere Vorräte mit allen teilten. Ganz anders wäre es gewesen, wenn man sich alleine von dem Inhalt des eigenen Care-Paketes aus der Heimat, das alle paar Wochen eintraf, ernähren müsste.

Außerdem gibt es Dinge, über die lässt es sich nicht diskutieren oder philosophieren – die sind nun mal so. Den Paragrafen eins, der da hieß: Jeder macht das Seine – den gab es unter uns nicht. Tanzte doch mal jemand aus der Reihe, dann sah sich deroder diejenige schnell mal mit der Tatsache konfrontiert, das gesamte Camp gegen sich zu wissen.

So erging es unter anderem Ralf, der einen florierenden Handel mit Satellitenreceivern trieb. Er kaufte den Einheimischen die Receiver für einen Spottpreis ab und verhökerte sie dann im gesamten Camp mit einer Gewinnspanne von bis zu tausend Prozent. Nachdem selbst dem Letzten von uns sein übermäßiger Geschäftssinn klarwurde, gab es Ärger. So war Ralf plötzlich nicht nur in der Verlegenheit, keinen einzigen Receiver mehr verkaufen zu können, er musste auch damit leben, dass seine Wäsche »versehentlich« in der Wäscherei verlorenging, seine Post unter dubiosen Umständen verschwand oder er beim Essen keinen Sitzplatz fand, weil keiner von uns mit einem niederträchtigen Wiesel wie ihm an einem Tisch sitzen wollte. Tja, da standen wir eben alle wie ein Mann zusammen.

Vermutlich kann jemand, der nie Soldat war und dem das Prinzip Kameradschaft fremd ist, diese auf den ersten Blick vielleicht heftig wirkende Reaktion nicht nachvollziehen. Aber wenn man in einem fremden Land, noch dazu mit einem Auftrag, der einem alles abverlangt, rund um die Uhr in Bereitschaft ist, um Elend, Not und Tod die Stirn zu bieten, dann werden plötzlich Menschen zur Familie, die sich im Extremfall erst seit ein paar Tagen kennen. Die Kameraden im Kosovo waren für mich damals die einzige Stütze. Natürlich fieberten und litten meine Mutter, meine Schwester und meine Verwandten von zu Hause aus mit mir. Natürlich hielten sie mir die Daumen, hofften, dass ich nicht verletzt wurde, und schickten mir regelmäßig Grüße, Karten und Briefe. Doch was tatsächlich jeden Tag vor Ort geschah, was ich sah und erlebte, was meine Seele berührte, verstanden nur diejenigen, die die gleichen Bilder vor Augen hatten wie ich.

Auch wenn die Bindung an meine Kameraden im Einsatz sehr stark war, auch wenn die Umstände, die uns zusammenschweißten, oft sehr extrem waren – an dem Tag, als ich mich aus dem Einsatzland verabschiedete, schlief der Kontakt zwischen uns augenblicklich ein.

Schließlich wollte ich genauso wenig wie meine Kameraden hören, dass möglicherweise einer der Menschen, die mir achtundachtzig Tage und vier Stunden näher gewesen waren als der liebe Gott, plötzlich mit dem Leben nicht mehr klarkam, dass er krank oder depressiv geworden war.

Den Krieg erlebt zu haben, ist eine schwere Bürde. Grausame Erlebnisse, die man überstanden hat, mögen in der Situation, in der sie geschehen, durchaus hinnehmbar sein – doch dass man sich durch Kameradenkontakt nach dem Kriegseinsatz immer wieder gegenseitig daran erinnert, das geht nicht.

*Wenn es Scherben
in deinem Leben gegeben hat,
kannst du nicht erwarten,
dass das Schicksal sie dir
aus dem Weg räumt.*

5.

Die ersten Wochen im Lager vergingen zwischen Wahnsinn und Alptraum. Menschen, die durch Minen verletzt worden waren, Soldaten mit Schusswunden und verbrannte Zivilisten gaben sich in unserem Feldlazarett die Klinke in die Hand, und es verging kaum ein Tag, an dem nicht für mindestens einen unserer Patienten jede Hilfe zu spät kam.

Meist stand ich auf, wusch mich, frühstückte, absolvierte meinen Dienst auf der Intensivstation und verbrachte die Freizeit im Betreuungszelt oder auf meinem Feldbett. Abends saßen wir in kleineren oder größeren Gruppen zusammen, und es wurde so gut wie immer viel getrunken. Sicher gab es auch mal Auseinandersetzungen oder sogar Streit, doch im Großen und Ganzen verstanden wir uns alle recht gut – wir hielten zusammen, weil wir wussten, dass wir aufeinander angewiesen waren. Wir mussten uns aufeinander verlassen können. An jenen Abenden erzählten wir uns von unseren Lieben zu Hause und malten uns in den buntesten Farben aus, wie unsere Eltern oder Partner uns willkommen hießen, wenn wir nach Hause kämen. Natürlich unterhielten wir uns auch über die Patienten, die Tag für Tag in der Intensivstation, in der Notaufnahme und in der Pflege betreut werden mussten und deren Schicksale uns nicht immer kaltließen. Es stürmte viel auf uns ein in jenen Tagen, aber wir gaben uns gegenseitig Halt.

Dennoch hielt schon bald die Langeweile Einzug. Da es nicht möglich war, das Camp ohne Schutzweste und konkreten Auftrag zu verlassen, und ein Ausflug ins »Zentrum des kriegsgebeutelten Wahnsinns«, wie wir Prizren nannten, zu gefährlich gewesen wäre, waren wir gezwungen, unsere Freizeit im Camp zu verbringen. Schon nach wenigen Tagen kannte ich jeden Soldaten, jeden Quadratmeter, jeden noch so verlassenen Winkel. Kein Wunder also, dass mich ziemlich schnell und obendrein ziemlich heftig der Lagerkoller überkam.

Freizeit war im Grunde nicht planbar, da wir uns alle quasi vierundzwanzig Stunden am Tag in Bereitschaft befanden und jederzeit angefordert werden konnten. Hatten wir ausnahmsweise dann doch mal ein bisschen Muße und konnten ein paar freie Stunden genießen, war uns schnell langweilig. Heute noch kommt mir jene Zeit öde und karg vor, mit nichts weiter als lieblosen Zeltlandschaften und Zäunen.

Als ich mit Sophie, einer befreundeten Kameradin, in der »Bronx« saß und so gar nichts mit mir anzufangen wusste, deutete sie auf das Gebiet hinter dem Zaun und meinte: »Sieh dir doch nur die schöne Landschaft an. Was das angeht, ist der Kosovo schon herrlich.«

Es war mir egal, wie schön die Landschaft war. Wenn man sie nur durch Gitterstäbe oder Zäune betrachten konnte, war sie in meinen Augen nichts wert.

Man hätte meinen können, dass uns derart profane Dinge wie Auszeit und gelegentlicher Leerlauf nicht weiter tangierten, vor allem, weil uns täglich Grausamkeiten begegneten, uns an manchen Tagen sogar bis ins Zelt verfolgten – das Gegenteil war aber der Fall.

Immer schon eine Vorhut in Sachen Spaß, versuchte ich gemeinsam mit einigen Kameraden, die ähnlich ambitioniert waren, gegen die Langeweile anzukämpfen. Da alle mit großer Begeisterung bei der Sache waren, hatten wir schon bald verschiedene Programmpunkte entworfen. Doch selbst ein spontan ins Leben gerufenes kleines Badmintonturnier unter freiem Himmel brachte kaum Besserung, weil der kurzzeitigen Abwechslung schnell wieder Lethargie folgte.

✳ ✳ ✳

Einmal endete eine unserer Aktionen zur Auflockerung des Lagerlebens allerdings fatal, was zur Folge hatte, dass ich bis heute keine Spaghetti mit Tomatensoße mehr essen kann. Dabei fing der Abend, der höllisch endete, absolut himmlisch an.

Justus – der Chirurg, der mich am ersten Tag so freundlich begrüßt hatte – und ich entwickelten die Idee, dem quälenden Hunger mit einem italienischen Abend zu begegnen. Wir hatten vor, jene Menschen, die tagtäglich unter Einsatz all ihrer Kräfte im Feldlazarett arbeiteten, ihrem von Traumata beherrschten und oft tränenreichen Alltag zu entreißen – und sei es nur für ein paar Stunden.

Jannik – der Leiter der Instandsetzungstruppe, die alle immer nur »Jean Pütz und seine Männer von der Hobbythek« nannten – war sofort von unserem Plan begeistert und sicherte seine Unterstützung zu. Der überaus sympathische blonde Hüne war generell zu allen Schandtaten bereit und hatte für jedes technische Problem eine Lösung. Das Werkzeug, das er für die diversen Instandsetzungsmaßnahmen im Camp benötigte, hatte er sich komplett aus Deutschland schicken lassen und damit gemeinsam mit seinen Leuten unter anderem die Sitzgruppe vor den Zelten in der »Bronx« gezimmert. Ausgerüstet mit allem möglichen Schnickschnack, gab es tatsächlich nichts, womit man Jannik wirklich herausfordern konnte.

Justus und ich erstellten erstmal eine Liste der Dinge, die wir zusätzlich zu den Lebensmitteln benötigten, also: Töpfe, Herdplatten, Kellen, Siebe und eine Arbeitsplatte. Wir brauchten gut zwei Wochen für die Vorbereitungen, denn mitten im Niemandsland war verständlicherweise nur schwer an besagtes Material heranzukommen. Doch dank der helfenden Hände unserer Kameraden gelang es uns schließlich, all die nötigen Utensilien aufzutreiben.

Etliche Kameraden schwärmten aus, um aus welchen Kanälen auch immer Lebensmittel wie Nudeln, Tomaten, Zwiebeln und Knoblauch, die unter diesen Umständen fast extravagant schienen, zu besorgen. Wir schafften es sogar, einen zwar spartanischen, aber funktionierenden Kochplatz zu errichten.

Noch heute muss ich grinsen, wenn ich an einige meiner Kameraden denke, die bei einer ihrer Patrouillen am Fahrbahnrand anhielten, um für uns einen Topf und ein Sieb zu kaufen. Den einheimischen Händlern muss es reichlich seltsam vorgekommen sein, wenn die grimmig dreinschauenden, bis an die Zähne bewaffneten und mit der Bristol geschützten Soldaten aus ihrem gepanzerten Wagen stiegen und ihren Krämerladen mit einer Schöpfkelle verließen.

Am Vorabend des italienischen Festes traf ich mich mit Justus zur Einsatzbesprechung. Ich hielt einen längeren Monolog und fragte Justus abschließend: »Haben wir alles, was wir brauchen?« Und schon las ich nochmal die Punkte auf der Vorbereitungsliste vor, fuhr dabei erneut die Haken nach, die ich hinter jede Sparte gesetzt hatte.

Justus, der kein Freund großer Worte war, antwortete nur trocken:»Läuft!«

Wir hatten besprochen, dass ich gemeinsam mit ein paar Kameraden die Tisch- sowie Zeltdekoration übernehmen sollte, während Justus für die Ärzte kochen wollte. Die Euphorie war groß, als wir uns trennten und jeder seinem Schlafplatz zustrebte. Sicher fieberten wir in gleichem Maß dem bevorstehenden Ereignis entgegen.

Den folgenden Tag über war ich im Notaufnahme-Einsatz und schleppte mich am Abend erschöpft in Richtung Dusche. Der Gedanke an das bevorstehende Fest sowie das kalte Wasser ließen mich jedoch schnell wieder munter werden.

Die Sonne war kaum untergegangen, als Justus und seine Kollegen wie abgemacht zu kochen begannen. Die Kameradin Angelika, die mich bei meiner Ankunft in Tetovo so »liebevoll« begrüßt hatte, half mir beim Dekorieren, andere kümmerten sich um die Getränke. Wir schmückten die schlichten Tische mit den aus der Küche »geliehenen« Servietten und Kerzen, denn wir wollten für eine gemütliche Atmosphäre sorgen.

»Okay, ich nehme die Tischreihe hier, und du fängst dort drüben an«, sagte ich. Als ich über meine Schulter blickte, war da ein grinsendes Gesicht.

»Alles klar«, sagte Angelika.

Es war schön, dass sie ebenso begeistert war wie ich.

Angelika erinnerte mich:»Vergiss deine Videokamera nicht.«

Sofort ließ ich die Servietten fallen und eilte in unser Zehnmannzelt. Da hatte ich doch tatsächlich bei all der Aufregung vergessen, die Akkus aufzuladen, was ich schnell nachholte.

Das Betreuungszelt und der Außenbereich davor waren extrem spartanisch eingerichtet: Es gab lediglich ein paar Gartenstühle und Tische, die ihre besten Tage bereits hinter sich hatten. Doch wir meisterten die Aufgabe »Zaubern Sie aus einem schäbigen

69

Tisch eine Tafel à la Italia « mit Bravour – das fanden wir in aller Unbescheidenheit jedenfalls. Ein Außenstehender hätte vielleicht keinen großen Unterschied zu vorher bemerkt, doch für uns, die wir allerhand Entbehrungen und Lieblosigkeit gewohnt waren, war die Verwandlung der Räumlichkeiten überdeutlich. Immerhin bedeuteten die Servietten, die Kerzen und sogar die Salzstangen einen schier unvorstellbaren Luxus.

Als wir unser Werk nach getaner Arbeit schweigend betrachteten, stellten wir übereinstimmend fest, dass sich unser Ambiente zwar nicht mit dem typischen Italiener um die Ecke messen konnte, doch hatte sich das karge, anonyme Betreuungszelt des 2. Kontingents Kosovo für diesen einen Abend in ein durchaus gelungenes Ristorante-Imitat verwandelt, wo auf die High Society des Elends ein unvergessliches kulinarisches Erlebnis wartete.

Nach und nach trafen unsere Kameraden im Betreuungszelt ein und waren, ganz wie erhofft, begeistert von unserer Dekoration. Wir hatten uns extra aus Deutschland eine CD von Eros Ramazotti schicken lassen, um uns für einen Abend – hier, am Ende der Welt – das Gefühl südländischer Zivilisation vorzugaukeln.

Ich hatte einen Heidenspaß daran, die Vorfreude meiner Kameraden auf das bevorstehende gute Essen mit der Videokamera zu verewigen. Freudestrahlend hielt ich die infantile Aufregung, die gelungenen wie misslungenen Versuche, sich für den Abend in Schale zu werfen, und das allgemeine Lachen – das seit Tagen, wenn nicht gar Wochen verschüttet schien – für die Ewigkeit fest. Die heiteren Bilder bannte ich jedoch nicht nur auf die Videokassette, sie brannten sich auch für immer in meinen Kopf.

Pure Freude, ungehemmte Redseligkeit oder gar Glück schienen bei diesem Einsatz, in dieser Hölle, nicht vorzukommen. An jenem Abend aber, wenngleich nur für wenige Stunden, gelang uns das Unglaubliche: Justus und ich brachten die Menschen um uns herum dazu, ihr Misstrauen und auch ihren Argwohn kurzfristig zu vergessen.

Endlich kam das Essen auf den Tisch – wir stürzten uns wie die Geier darauf. Die Töpfe waren in Windeseile leer. Bald wurde es mucksmäuschenstill am Tisch, weil alle damit beschäftigt waren, ihren Magen zu füllen.

»Zum Teufel«, rief plötzlich Florian, unser Kamerad aus der Notaufnahme, in die Stille hinein. »Wie habt ihr es nur geschafft, dass die Nudeln dermaßen zusammenkleben?« Um seine Worte zu untermalen, hielt er auf seiner Gabel einen riesigen Klumpen hoch, der nur entfernt an Spaghetti erinnerte.

Einige der Anwesenden fingen an zu johlen und zu pfeifen, andere riefen »Schnauze!« oder »Weiteressen!«

Florian hatte es keineswegs böse gemeint, denn im nächsten Augenblick biss er voller Inbrunst in die teigige Masse und schlang sie fast ungekaut herunter.

»Seien wir ehrlich. Das Essen schmeckt nicht wirklich. Sieht auch nicht appetitlich aus«, flüsterte ich Sophie zu, die neben mir saß.

Sie lachte erst und sagte dann: »Stimmt, aber der Abend ist trotzdem toll.«

Nickend schob ich mir eine Portion klebriger Nudeln samt der Soße aus Tomaten und Knoblauch in den Mund. Es war eindeutig: Für uns alle bedeutete diese Mahlzeit wesentlich mehr als nur ein Essenfassen. Dies war das unvergleichliche selbstbestimmte Leben, das für wenige Augenblicke zu uns zurückgekehrt war. Für diesen einen Abend waren wir nicht mehr im Kosovo – und das allgegenwärtige Thema Tod kam nicht zur Sprache. Uns allen schmeckte es entsetzlich. Doch für einen Abend so tun zu können, als gäbe es in unserem Leben so etwas wie Normalität, war ein erhellender und beglückender Moment zugleich.

Selten hat mir ein Gericht mehr nach Freiheit und Heimat geschmeckt als diese kulinarische Kapitulationserklärung. War es das gemeinsame Essen mit Menschen, die ich sonst nur grimmig dreinschauend, pessimistisch und seelisch ausgelaugt kannte, das mir Freiheitsgefühle vermittelte? Oder waren es doch die Spaghetti, die mich so sehr an zu Hause erinnerten? Oder war es lediglich die ausgelassene Stimmung? Egal, ich konnte für einige Stunden wieder an ein Leben nach dem Einsatz glauben. Und ich hinterfragte nicht, ich genoss. Ich genoss, weil ich wusste, dass mich die Realität bald schon einholen würde. Dass sie mich noch am selben Abend auf den harten Boden der Tatsachen zurückholen würde, damit rechnete ich allerdings nicht.

Wir waren mitten im Fest, als Björn, der diensthabende Arzt, von hinten an mich herankam und sagte: »Dani, kommst du mal bitte.« Ich drehte mich um. »Was gibt's?«, fragte ich leicht genervt.

»Könntest du bitte mit mir im Kühlcontainer die Vitalkontrolle bei den Toten von heute durchführen?«

Laut internationalem Recht ist man als Mediziner verpflichtet, bei jedem verstorbenen Menschen nach einiger Zeit die sogenannten Vitalzeichen zu prüfen – um sicherzugehen, dass es sich um keinen Scheintod handelt. Das wollte Björn nun tun.

Ich stöhnte, denn ich wusste, dass der Container diesmal bis unters Dach mit Toten gefüllt war, da wir an diesem Tag besonders viele Patienten verloren hatten.

Ich wollte das Fest nicht verlassen, und so fragte ich ein wenig hilflos: »Wieso ich?«

»Weil du als diensthabender Retter mir etwas zu den heutigen Vorfällen erzählen kannst.« Björn zuckte die Achseln und schob leise ein »Sorry« hinterher.

»Na gut.« Zähneknirschend erhob ich mich.

»Komm bald wieder«, rief mir Sophie noch nach.

Vorsichtig drangen Björn und ich durch die tiefe Dunkelheit zum Kühlcontainer vor. Wir mussten bei sechs Verstorbenen Herzschlag und Pupillenreflexe kontrollieren. Björn untersuchte die Toten vorschriftsgemäß. Zuletzt kam ein kleiner Junge an die Reihe, vielleicht zehn Jahre alt, abgemagert. Er wirkte so unschuldig und verletzlich.

Als Björn in dem dunklen Container mit seiner winzigen Taschenlampe die Pupillenreflexe des linken Auges bei dem Jungen überprüfen wollte, hörte ich ein Geräusch, das mir das Blut in den Adern gefrieren ließ.

Ein reißendes, schmatzendes *Ritsch!* – uns bot sich der Anblick einer leeren Augenhöhle.

»Da war kein Auge mehr drin. Deshalb hat Tim es zugenäht«, erklärte ich stockend und versuchte, gegen die aufsteigende Übelkeit anzukämpfen.

Björn wich entsetzt zurück. »In Ordnung«, sagte er dann doch völlig gefasst. »Ich verschließe es wohl besser wieder.«

Während ich Björn beim Nähen assistierte, atmete ich die ganze Zeit durch den Mund.

Wie paralysiert verließen wir einige Zeit später den Container.

Auf dem Weg ins Versorgungszelt blieb ich an einem Gebüsch stehen und atmete kräftig durch. Mit aller Mühe kämpfte ich gegen den Drang an, mich zu übergeben.

Aber es half nichts.

Zurück im Betreuungszelt, stand ich eine ganze Weile reglos da. Niemand sprach mich an. Jegliches Gefühl war aus mir gewichen. Ich war wie gefangen zwischen zwei Welten: auf der einen Seite meine Kameraden, meine Ersatzfamilie – auf der anderen Seite der Wahnsinn, der sich langsam, aber konstant einen Weg in mein Hirn fraß. Ein Wahnsinn, der mich quälte und erniedrigte, der mir Niederträchtigkeiten ins Ohr einpflanzte und mir garantierte, dass diese Hölle hier nur den Anfang einer unkontrollierbaren, unbegreifbaren Pein darstellte.

An jenem Abend sehnte ich mich verzweifelt an den Tisch im Betreuungszelt zurück – an jenen Tisch, wie er vor Björns Eintreffen gewesen war. Dass es mir weder gelang, mich erneut in eine fröhliche Stimmung zu versetzten, noch jenen Frieden zu spüren, der kurz vor dem Gang zum Kühlcontainer in mir war, brachte mich beinahe um den Verstand.

*Das Schicksal macht Menschen wie uns
nicht zu Besiegten.
Es macht uns zu Anführern.*

6.

Am nächsten Tag hatte ich Rufbereitschaft. Ich wartete mit einigen Kameraden vor unserer Unterkunft darauf, dass uns jemand anforderte. Ich hoffte sehr auf einen ruhigen Dienst, weil ich in der Nacht zuvor kein Auge zugetan hatte. Der Schrecken vom Kühlcontainer steckte mir noch in den Knochen.

Wir redeten über die Erlebnisse der letzten Tage, wobei ich den Container nicht erwähnte, hörten Musik und genossen die Stille, die uns allzu selten vergönnt war. Leider sollte die Ruhe auch diesmal nur von kurzer Dauer sein. Ich hatte einen Tee in der Hand und pustete auf das heiße Getränk, als über Funk die krächzende Stimme des diensthabenden Arztes ertönte: »Rufbereitschaft Intensiv für OP, bitte kommen!«

Sofort beschleunigte sich mein Puls.

»Hier Intensivstation«, meldete ich mich. »Was gibt's?«

»Bitte finden Sie sich augenblicklich im Schockraum ein, wir haben einen Notfall.« Es klang mehr als eilig.

Den Tee ließ ich stehen und rannte so schnell ich konnte ins

Feldlazarett. Ohne sie zu sehen, hastete ich an Soldaten und mit Stellwänden abgetrennten Untersuchungszimmern vorbei, bis ich vor dem Schockraum innehielt. Ein Atemzug und ich wusste:

Blut.

In Massen.

Ich war gut zehn Schritte vom Schockraum entfernt und konnte den Verletzten bereits riechen. Mir war klar, dass der Anblick, der sich mir gleich bieten dürfte, nichts für schwache Nerven war. Ich hatte seit meiner Ankunft in Prizren viele Verletzte behandelt, der Umgang mit Blut, selbst in großen Mengen, war mir überhaupt nicht fremd, doch das, was ich bald sehen sollte, zog mir den Boden unter den Füßen weg.

Nie hätte ich gedacht, dass ein einziger menschlicher Körper, ein so winziger noch dazu, derart viel Blut enthalten könnte. Selbst als ich vor wenigen Tagen einen Vater samt Sohn hatte verarzten müssen, die sich eine Messerstecherei geliefert hatten, war nicht so viel Blut geflossen. Da hatte der Sohn, ein junger Serbe, seinem Vater ein Brotmesser an die Kehle gesetzt und ihm in die Halsschlagader geschnitten.

Im Schockraum wurden lebensgefährlich verletzte Menschen erstversorgt, bevor wir sie auf die Krankenstation verlegten. Ich sammelte mich, ehe ich diesen besonderen Raum betrat.

Schon vom Türrahmen aus sah ich überdeutlich einen Brei aus Menschenfleisch, der einst ein Kind gewesen sein musste und nun vor mir auf einer Liege lag. Es war offensichtlich ein Junge, der auf eine Mine getreten war. Seine Eltern brachten das lebende Menschenfleisch zu uns. Ich schloss einen Moment die Augen und presste mir die Zeigefinger an die Schläfen.

Da kam auch schon Balduin, der diensthabende Anästhesist, ein Mittfünfziger mit Brille. Aufgeregt sagte er: »Dani, du musst dich umziehen. Wir haben eine OP angesetzt. Bitte beeil dich.

Du sollst dem Arzt übersetzen. Für den Fall, dass der Kleine aus der Narkose erwacht.«

Wie der Blitz raste ich in die OP-Schleuse, um mich umzuziehen. Zog ein OP-Hemd, eine OP-Hose und sterile Schuhe an. Zwei Minuten waren vergangen, da steuerte ich auf den Ausgang der Schleuse zu.

Als ich den Operationssaal betreten wollte, kam Balduin auf mich zu, schaute mich traurig an, schüttelte den Kopf, streifte sich den Mundschutz ab und suchte meinen Blick. » Zieh dich wieder um. Der Junge hat es nicht geschafft. Wir müssen zu seinen Eltern.«

»Hilfe«, murmelte ich nur.

Ich kann mich nicht erinnern, mich jemals langsamer umgezogen zu haben als an jenem tragischen Tag. Eine ganze Weile saß ich reglos da und hoffte, dass meine Kameraden mir ein bisschen Zeit ließen, ehe ich den Eltern des toten Jungen gegenübertreten musste.

Als ich aus der Schleuse trat, hörte ich die Grillen zirpen. Zögernd wechselte ich in den Untersuchungsraum, stellte mich neben Balduin und begrüßte die Eltern des verstorbenen Jungen.

Sie waren noch jung, schätzungsweise Mitte zwanzig. Sie saßen auf harten Stühlen im Untersuchungsraum, blickten uns aus ihren dunklen Augen fragend an und fassten sich an den Händen. Der Mann, ein recht großer, stämmiger Einheimischer, streichelte seiner schmalen, erschöpft aussehenden Frau zärtlich über den Handrücken. Sie hatten sichtbar Angst.

»Sag ihnen, dass ihr Sohn an der Schwere seiner Verletzungen verstorben ist«, wies mich Balduin an.

Ich schluckte nur.

»Sag ihnen, dass er vor einer halben Stunde von uns gegangen ist«, fügte Balduin hinzu und sah mich erwartungsvoll an.

Mir schwirrte der Kopf, nirgends ein klarer Gedanke.

Was sollte ich nochmal sagen?

Wie hieß das, was ich sagen sollte, auf Kroatisch?

Die mir so vertrauten Vokabeln waren auf einmal fort, mir fiel kein Wort mehr ein.

Konzentration, Konzentration, impfte ich mir ein, doch ich war hoffnungslos leer.

»Was ist?«, fragte Balduin und legte mir eine Hand auf die Schulter, was ich als Aufforderung verstand, endlich seine Worte zu übersetzen.

Die Eltern des toten Jungen hatten gemerkt, dass etwas nicht stimmte, und wurden nervös. Der Vater stand auf und machte einen Schritt auf uns zu, doch noch ehe er etwas sagen konnte, hob ich die Hand. Er schloss seinen Mund wieder.

»Vas sin je umro«, war alles, was ich stammeln konnte. Das hieß: Ihr Sohn ist gestorben.

Der Vater des Jungen blieb stehen, schaute mich völlig entgeistert an und fragte mich, was passiert sei.

»Vas sin je umro.« Kein Wort des Trostes. Ich steckte fest.

»Kad?«, fragte mich die Mutter.

Balduin stand zwischen uns und schaute von einem zum anderen, ohne jedoch einzugreifen.

»Vas sin je umro«, wiederholte ich zum dritten Mal. In mir war nicht mehr als das.

Langsam lehnte sich die Frau gegen die Schulter ihres Mannes und fing leise an zu weinen. Der Vater des Jungen musterte mich intensiv, nickte schließlich Balduin und mir zu. Dann verließen er und seine Frau ohne ein weiteres Wort den Behandlungsraum.

Hilflos starrte ich den beiden hinterher. Eine immense Trauer hatten diese Eltern zu bewältigen. Aber auch organisieren mussten sie. Die Glaubensregeln des Islam verlangten, dass ein jeder

Leichnam innerhalb von vierundzwanzig Stunden nach Eintritt des Todes beerdigt werden musste. Sie würden also den Jungen spätestens am nächsten Morgen bei uns abholen. Alleine damit wären diese beiden jungen Menschen überfordert. Und mit dem Tod ihres Kindes ohnehin.

Durch den Hinterausgang lief ich aus dem Feldlazarett. Ich wollte nur noch weg, weg von diesem Ort des Grauens.

Da hörte ich hinter mir Balduins eilige Schritte. »Warte mal, Dani!«

Unbeirrt ging ich weiter, denn ich wollte nur noch alleine sein, um endlich den Tränen freien Lauf zu lassen.

Kurz vor der »Bronx« holte Balduin mich ein und stellte sich mir in den Weg. Er fragte: »War es das erste Mal, dass du eine Todesnachricht überbringen musstest?«

Statt zu antworten warf ich mich ihm in die Arme. In mir brachen alle Dämme. Balduin hielt mich fest, streichelte mir sanft den Rücken.

»Pssst«, sagte er immer wieder, »alles ist gut.«

Er wollte mich trösten, doch ich wusste: Gar nichts war gut. Und würde es auch so schnell nicht wieder werden.

Ich riss mich zusammen, wischte mir die Tränen aus den Augen und ging schnurstracks in mein Zelt. In der Hoffnung, die Rufbereitschaft möge mich für heute in Ruhe lassen, sank ich seufzend in voller Montur auf mein Bett.

In unserem Zehnmannzelt gab es ein weiteres ungeschriebenes Gesetz, das ich an jenem Abend gerne in Anspruch nahm. Es lautete: Wenn man nicht reden wollte, durfte einen niemand dazu nötigen.

Seit jenem Sommer im Jahr 1999 verfolgen mich die Bilder des breiigen Menschenfleisches regelmäßig in meinen Träumen. Bis heute kann ich mir nicht verzeihen, dass ich den Eltern des Jungen keinen Trost hatte spenden können.

Natürlich, nicht ich war diejenige, die einen Verlust zu beklagen hatte. Seltsam aber, dass es sich für mich noch heute so anfühlt ...

* * *

Ein anderes Mal, doch eine ähnliche Geschichte. Diesmal wurde ein schwer verletztes Mädchen auf die Intensivstation eingeliefert. Das Mädchen mit den auffällig dunklen Locken war ebenfalls ungefähr zehn, höchstens elf Jahre alt. Es war in der Innenstadt von Prizren in einen schrecklichen Verkehrsunfall geraten. Das Mädchen wies ein Polytrauma auf sowie mehrere Knochenbrüche und Quetschungen am gesamten Körper – es war mehr als ungewiss, ob es den Abend überleben würde.

Ich war mit dem Fall nicht befasst, da kam Hauptfeldwebel Michael Kuhrau eines Tages in der »Bronx« auf mich zu. Ich saß nach dem Mittagessen im Schatten, was selten genug vorkam. Ausführlich berichtete mir der Hauptfeldwebel von dem tapferen Kind, das ums Überleben kämpfte.

»Die Kleine hat bei dem Autounfall Eltern und Geschwister verloren.« Mit diesen Worten beendete er seinen Bericht.

»Das ist ja furchtbar«, sagte ich. »Soll ich mal nach ihr sehen, mit ihr reden?«

»Darum wollte ich dich bitten«, sagte er und bat mich, möglichst bald die Intensivstation aufzusuchen.

Die Mitarbeiter der Station machten sich große Sorgen um das Mädchen, das sich weder verständigen noch begreifen konnte, wo es war. Alle Beteiligten waren sich einig, dass dieses Kind einen Ansprechpartner brauchte, zu dem es Vertrauen fassen konnte. Die Wahl fiel auf mich, weil ich die Einzige im Feldlazarett war, die Kroatisch sprach.

Noch am selben Abend fand ich mich nach meinem Dienst auf der Intensivstation ein, um mehrere Stunden am Bett des Mädchens zu verbringen. So leise wie möglich schlich ich mich zu ihr, um den Patienten im Nachbarbett nicht zu stören, obwohl der Mann, der multiple Verbrennungen erlitten hatte, intubiert und beatmet vor sich hin vegetierte. Als ich das Mädchen in dem riesig wirkenden Bett liegen sah, erschrak ich, denn kein einziger Knochen ihrer Extremitäten war mehr intakt.

Die Kleine konnte mich gar nicht verstehen, da die Kinder im Kosovo in ihren Schulen kein Serbokroatisch mehr lernten, das war mir ziemlich schnell bewusst. Dennoch nahm ich mir die Zeit, mich neben sie zu setzen, sanft auf sie einzureden und sie zu streicheln.

Dass meine Kameraden dem Mädchen gegenüber zu kaum einer Geste der Zuneigung kamen, war beinahe verständlich. Sie standen wahnsinnig unter Zeitdruck, mussten täglich Unmengen an Menschen versorgen. Es wäre auf Kosten anderer Patienten gegangen, wenn sie sich mehr um das Mädchen gekümmert, sich besonders viel Zeit für dessen Belange genommen hätten – und das war nicht zu verantworten.

Am ganzen Körper in Verbände und Mull gewickelt, lag die Kleine vor mir und schien tief und fest zu schlafen. Dass ihre komplette Familie bei dem Unfall das Leben verloren hatte, wusste sie noch nicht.

Ich blieb lange am Krankenbett sitzen. Erst nachdem mir die Augen mehrmals zugefallen waren, ging ich zurück in mein Zelt, um dort vor Erschöpfung sofort in einen traumlosen Schlaf zu fallen.

Als das Mädchen zu sich kam, war ihm die Angst vor der ungewohnten Umgebung und den fremden Menschen, die eine andere Sprache sprachen, deutlich anzumerken.

Am Anfang schien es, als wolle sie mich gar nicht registrieren. Zwar verfolgte sie mit den Augen meinen Weg von der Zimmertür zu ihrem Bett ganz genau. Kaum saß ich jedoch neben ihr, begann sie zur Decke zu starren – bis ich mich irgendwann von meinem Stuhl erhob und den Raum verließ.

In all den Wochen, die das Mädchen bei uns war, sprach es kein einziges Wort mit mir. Tag für Tag, Nacht für Nacht, wann immer es meine Zeit erlaubte, besuchte ich sie. Ich redete auf sie ein, flüsterte ihr immer wieder zu, dass sie sich nicht zu fürchten brauche, und streichelte ihr die dünnen Ärmchen. Dabei war ich stets bemüht, die Familie des Mädchens mit keinem Wort zu erwähnen. Stattdessen erzählte ich von meiner Nichte, die ich sehr vermisste, von meinem Neffen, der vor kurzem erst geboren worden war, den ich also noch nicht kannte.

Außerdem erzählte ich der Kleinen einige von den Geschichten, die mir meine Oma vorgelesen hatte, als ich selbst noch ein kleines Mädchen war, und berichtete ihr, was ich den Tag über so alles erlebte.

Nichts.

Gar nichts.

Sie redete nicht mit mir.

Die Wochen vergingen, der Zustand des Mädchens wurde stabiler, und meinen Kameraden gelang es nach intensiver Suche, einige von ihren Verwandten ausfindig zu machen. Über kurz oder lang musste die Kleine die Intensivstation verlassen, und ich war erleichtert, dass sie dann nicht alleine auf der Welt sein würde.

Obwohl man bei unseren Begegnungen keinesfalls von einem Dialog sprechen konnte und ich in erster Linie dem kleinen Mädchen einfach nur beistehen wollte, vermag ich bis heute nicht mit Sicherheit zu sagen, wer da eigentlich wem geholfen hat. Ob in jenen Tagen nicht etwa das Mädchen mein Rettungsanker war. Ein Anker, der mir die Gelegenheit bot, all meine Sehnsüchte, Verlustängste und einiges an Unsicherheiten loszuwerden.

Eines dagegen gilt als sicher: dass die Kleine nicht den Hauch einer Ahnung hatte, wie wichtig sie für mich war, wie viel sie mir in jenen schweren Stunden gegeben hatte.

Als ich, lange nach der Einlieferung des Mädchens, in einer freien Stunde auf meinem Feldbett lag und döste – ich hatte mir die Nacht bei einem Einsatz um die Ohren schlagen müssen –, spürte ich auf einmal, wie mich jemand sanft, aber bestimmt am T-Shirt zupfte.

Erschrocken fuhr ich hoch – und blickte in ein kleines, lächelndes Gesicht. Mit großen Augen schaute mich das Mädchen an und gab mir gestenreich zu verstehen, dass es sich von mir verabschieden wolle. Die Wunden waren so gut verheilt, dass die Ärzte die Kleine zu ihren Verwandten schicken konnten.

Erst schaute ich etwas ungläubig – war ich wach oder träumte ich? –, dann bedeutete ich dem Mädchen mitzukommen und machte mich gemeinsam mit ihr auf die Suche nach einem albanischen Sprachmittler. Mit dessen Hilfe überwanden wir die Sprachbarriere.

»Jedes Mal, wenn du mich besuchen kamst, wusste ich, dass bald Schlafenszeit war«, berichtete sie mir.

»Stimmt, ich war immer sehr spät dran«, sagte ich und dachte daran, dass es auf der Intensivstation keine Fenster gab und die Patienten daher oft schon nach einem Tag jedes Zeitgefühl verloren.

»Schön, dass du da warst«, sagte mir das Mädchen. »Dafür bin ich dir sehr dankbar.«

Ich lächelte verlegen.

Vor meinem inneren Auge zog unterdessen eine Szene aus »Der kleine Prinz« vorbei: Der kleine Prinz hatte sich dem Fuchs täglich nur einen Schritt nähern dürfen. Erst als er ihn zähmte, duldete der Fuchs seine Nähe.

Nach einer Weile bat das Mädchen darum, sich mit mir fotografieren lassen zu dürfen. Nur zu gern erfüllte ich ihr, vor allem aber mir selbst, diesen Wunsch. Wir organisierten schnell einen Fotoapparat, das Mädchen umarmte mich, wir lächelten beide in die Kamera – klick! Es war seit Langem das erste Mal, dass ich mich glücklich fühlte – und sogar so etwas wie Stolz empfand … Es war ein unendlich bereicherndes Gefühl, dieses Kind, das nahezu unheilbare Verletzungen an Körper und Seele erfahren hatte, auf seinen eigenen Beinen mein Zelt verlassen zu sehen. Meine Worte, oder zumindest das, was ich damit vermitteln wollte, hatten das Mädchen also doch erreicht.

Ich bezweifle allerdings, dass ich für das Mädchen so viel tun konnte, wie es mit seiner Umarmung und dem Erinnerungsbild von uns beiden, das einen Ehrenplatz in meiner Wohnung hat, für mich getan hat. Ich habe den Namen des kleinen albanischen Mädchens nie erfahren, und dennoch ist mir das Kind präsenter als so manch anderer Mensch in meinem Leben. Bis heute bedauere ich, dass ich ihr niemals erzählt habe, worüber ich Abend für Abend an ihrem Bett nachdachte. Darüber nämlich, wie sehr ihre Anwesenheit mein Leben bereichert hat.

Durch dieses Mädchen habe ich letztlich so etwas wie einen Sinn bei meinem Einsatz als Soldatin im Kosovo erfahren. Die Begegnung mit ihr zählt dort zu den wenigen Momenten, in denen mein Dasein nicht vollständig unnütz zu sein schien.

∗ ∗ ∗

Leider wechselten sich Freud und Leid in meinen Kosovotagen munterer ab, als man gute und schlechte Nachrichten verarbeiten konnte. Bald schon sollte ich wieder eine Todesnachricht überbringen müssen.

Dabei hatte der Abend nach einem harten und anstrengenden Dienst so fröhlich und ausgelassen angefangen – mit einem spontanen Badmintonturnier.

Wir hatten nach dem ersten Turnier, an dem so viele Kameraden begeistert teilgenommen hatten, schon öfter Badminton ge-
spielt. Mit vereinten Kräften räumten wir die unzähligen Garn-
kartons aus einer der Fabrikhallen und schufen so ausreichend
Platz für ein großes Spielfeld. In den nächsten Tagen besorgten
einige Kameraden in Prizren noch schnell ein paar zusätzliche
Schlägersets, und wir spannten ein langes Seil, so dass es am
nächsten Abend losgehen konnte.

Punkt achtzehn Uhr standen zu meiner grenzenlosen Überraschung zwanzig Leute in knappen Sporthosen und blauen Bun-
deswehr-Shirts vor mir. Die Begeisterung war groß, als Tim,
unser Oberstabsarzt und ein leidenschaftlicher Sportler, verkün-
dete, dass nun ein Turnier anfangen würde. Eigentlich sollte jeder gegen jeden spielen, doch recht schnell kam es zu einem
gänzlich anderen Duell. Die Turnierteilnehmer spalteten sich in
zwei Lager. In Kameraden aus der ehemaligen DDR auf der einen und in Wessis auf der anderen Seite.

»Bin gleich zurück«, rief Fabian, der Veterinär unserer Truppe
– ein zierlicher Mittdreißiger mit leiser Stimme –, und verschwand kurz.

Nach seiner Rückkehr setzte er sich am Spielfeldrand auf einen
Stuhl. Er wartete, bis das Spiel anfing, und hielt dann je nach
Punktestand eines seiner selbst gebastelten Schilder in die Höhe.
Entweder: »Ossi vor!« oder: »Wessi top!«. Wir amüsierten
uns prächtig.

Demnächst sollte ich drankommen. Ich machte mich gerade
fertig, als der Feldwebel von der Patientenaufnahme, auf mich
zugerannt kam.

»Man braucht dich im Schockraum«, flüsterte er mir zu. »Da
ist ein Minenjunge, den sie nicht narkotisiert kriegen, weil er vor
Angst und Schmerzen wie am Spieß brüllt. Du musst für ihn
übersetzen.«

Panische Angst stieg in mir auf, schließlich waren mir die Bilder des verstorbenen Minenjungen, dessen Eltern ich die Todesnachricht hatte überbringen müssen, noch sehr präsent.

Ich drängte das ungute Gefühl beiseite und rannte so schnell ich konnte zu den Schockräumen. Unterwegs ertappte ich mich dabei, dass ich durch den Mund atmete – die Furcht davor, erneut Blutgeruch in der Nase zu spüren, war übermächtig.

Außer Atem stürmte ich in den Schockraum, in dem bereits ein Arzt und zwei Rettungssanitäter vor einer Liege standen, auf der ein etwa dreizehnjähriger Junge lag, dem das linke Bein in Fetzen von der Hüfte hing. Sein linker Arm fehlte. Das Gesicht des Jungen war blutüberströmt.

Tim, der Arzt, sagte:»Erklär ihm, dass wir ihm helfen wollen. Dass er keine Angst zu haben braucht.«

Ich eilte ans Kopfende der Liege und redete leise auf den Jungen ein, der vor Schmerz und Angst wimmerte. Er befand sich in einem derart schweren Schockzustand, dass die Narkose nicht anschlagen wollte.

»Wo ist meine Mama?«, fragte er mich mit tränenerstickter Stimme.

»Die wartet draußen auf dich«, sagte ich, obwohl ich nichts Genaues wusste.»Halt durch«, fügte ich noch hinzu.»Es wird alles wieder gut.«

Ich habe ihn nicht gerne belogen …

Sekunden später kam ein Hauptfeldwebel mit einem mobilen Röntgengerät in den Schockraum.

»Legt den Jungen auf den Röntgentisch«, forderte er uns auf.

Aufgrund der zahlreichen Verletzungen des Jungen brauchten wir dazu jede verfügbare Hand und hoben ihn gemeinsam – auf drei – an.

Da löste sich der Fuß des Jungen vom Bein und fiel auf den Fußboden.

Ich erstarrte mitten in einer Bewegung, während eine mir bislang unbekannte Schockwelle meinen Körper erfasste.

Die Welt stand für einen unendlich langen Moment still, und alle im Raum starrten auf den Fuß. So etwas hatte keiner von uns je gesehen.

Da befahl Tim heiser in die Stille hinein: »Konzentriert euch. Es muss weitergehen.«

Die Röntgenbilder ergaben leider nichts, da die Narkose immer noch nicht wirkte und der Junge sich zu stark bewegt hatte, um gute Aufnahmen zu liefern.

Doch bald bewegte sich der Junge gar nicht mehr.

Nach geschätzten drei Minuten und gefühlten fünf Jahren entschlief er mit einem tiefen Seufzer – auf der Liege im Schockraum des deutschen Feldlazaretts, das zur Multinational Brigade South gehörte. Es war ein heißer Sommerabend des Jahres 1999, und ich konnte nichts weiter tun, als seine Hand zu halten.

Als die Kameraden von der Notaufnahme den Jungen zu säubern anfingen, trat ich aus dem Schockraum ins Freie, zu den Eltern des Jungen. Der Vater war über und über mit Blut besudelt – er hatte seinen sterbenden Sohn so schnell er konnte zu uns ins Feldlazarett getragen. Die Mutter stand mit zerzausten Haaren und verweinten Augen daneben. Angst und Hoffnung spiegelten sich gleichermaßen in ihrem Gesicht.

Nie werde ich die Trauer, Fassungslosigkeit und Verzweiflung der beiden Menschen vergessen, die nur wenige Minuten zuvor noch stolze Eltern gewesen waren.

Wie sollte ich den beiden den Tod ihres Sohnes beibringen?

Es gibt Dinge, an die kann man sich nicht gewöhnen.

Irgendwann vergoss ich keine Tränen mehr. Hatte vielleicht keine Tränen. Sie kamen jedenfalls nicht mehr. Sie kamen einfach nicht.

Menschen, die ihren Verdruss
bei dir abladen,
um Kommunikation als Plattform
für Energie-Vampirismus zu betreiben,
sind die Energie nicht wert,
die ein Augenzwinkern erfordern würde.

7.

Es war gegen Ende August, ich arbeitete gerade auf der Intensivstation und schloss meine Nachtschicht ab, da suchte mich einer der Hauptmänner des Camps auf und führte mich ins Betreuungszelt.

»Etwas zu trinken?«, fragte er freundlich.

»Ja, gerne. Eine Cola«, bat ich und wunderte mich darüber, wie zuvorkommend er war.

Von der Getränkeausgabe zurück, fing er an, sich mit mir zu unterhalten – ganz locker. Bis er sagte: »Soldat Matijević, Ihre Fähigkeiten werden künftig im Feldlazarett nicht mehr benötigt.«

»Schade«, erwiderte ich nur. »Der Job ist genau richtig für mich. Ich fühle mich in dem Team sehr wohl.«

Meine Sätze hätte ich mir sparen können, denn vonseiten des Hauptmanns war längst eine Entscheidung gefallen.

»Der MAD benötigt sowohl Ihre Sprachkenntnisse als auch Ihr medizinisches Wissen«, erklärte er mir. »Bitte finden Sie sich am Nachmittag in der Kommandozentrale ein.« Schon erhob er sich, tippte an die Stirn und ließ mich mit all meinen schweren Gedanken zurück.

Der Militärische Abschirmdienst, kurz MAD, war wohl auf mich aufmerksam geworden, weil mich meine Kameraden zuletzt immer häufiger bei der Sprachvermittlung mit Einheimischen brauchten.

Nach dem Gespräch mit dem Hauptmann war an Schlaf nicht mehr zu denken, obwohl ich nach dem anstrengenden Nachtdienst durchaus ein paar Stunden Erholung hätte gebrauchen können. So lag ich auf meinem Bett und starrte die Decke an, während ich dem nächsten Tag entgegenfieberte.

Dann war es so weit: Ich stiefelte in die Kommandozentrale der Multinational Brigade South, die am anderen Ende des Camps im Verwaltungstrakt der ehemaligen Garnfabrik eingerichtet worden war. In dem mehrstöckigen Gebäude waren zahlreiche Büros wichtiger Vertreter aller Nationen sowie mehrere Tagungsräume untergebracht. Von der Eingangshalle des Gebäudes aus hatte man gut vier oder fünf Etagen im Blick, auf deren Korridoren Soldaten aus aller Herren Länder geschäftig wie Ameisen von Raum zu Raum wuselten.

Als ich eintraf, warteten einige hohe Herren bereits auf mich. Sie baten mich, Platz zu nehmen, und erklärten mir sogleich alles, was ich für meine künftigen Einsätze wissen musste. Allerdings schien der MAD besorgt um meine Herkunft, ließ doch die Tatsache, dass ich eine kroatische Mutter hatte, befürchten, dass mich aus ethnischen Gründen im Kosovo-Konflikt Schwierigkeiten erwarteten.

Daher sollte ich, bevor ich zum ersten Mal im Auftrag des MAD eingesetzt wurde, meinen Namen ändern. Dazu bedurfte es eines Eintrags in der Datenerfassungsstelle, in der die KFOR-Identifikationskarten – ID – hergestellt wurden.

Da der letzte Soldat, dem eine solche ID ausgestellt worden war, mit Nachnamen Engl hieß, überlegte der verantwortliche Verwaltungsbeamte nicht lange und stellte mir einfach eine ID auf den Namen Daniela Engl aus.

»Na, das passt ja fantastisch« sagte mein Oberstleutnant. »Du bist doch sowieso unser Engelchen.«

Fortan hatte ich einen Spitznamen ...

Um meinen ersten Einsatzbefehl zu empfangen, musste ich jedoch erneut das Heiligtum der Multinational Brigade South betreten – die Kommandozentrale. Auch an diesem Morgen war auf den einzelnen Etagen viel los, überall liefen Menschen durch die Gänge, begegneten mir sowohl amerikanische als auch russische sowie deutsche Soldaten.

Ein Kamerad führte mich in eines der Büros der Abteilung G2, wo man mir mitteilte, dass ich am Nachmittag in Orahovac an der Aushebung eines Massengrabes teilzunehmen hatte. Ich versuchte ruhig und gelassen zu bleiben. Zwar hätte ich den Auftrag am liebsten abgelehnt, aber dass dies nicht möglich war, daran bestand kein Zweifel. Hier waren »höhere Mächte« im Spiel. Aus dieser Situation hätte mich nicht mal mein Kompaniechef herausholen können ...

Als wir in Orahovac ankamen, wollte ich meinen Augen nicht trauen: Vor mir stand ein ganzer Zug deutscher Polizisten des Bundeskriminalamtes, auch BKA genannt. Die verschwitzten, mit Erde und Staub bedeckten Männer waren damit beschäftigt, in der prallen Sonne ein Massengrab auszuheben, in dem sich dermaßen viele Tote befanden, dass ich sie unmöglich zählen konnte.

Jede einzelne Leiche wurde sorgsam freigelegt, in einen Sack gepackt, nummeriert und fotografiert. Zwar kannte ich den Geruch von Tod, hatte während meiner bisherigen Einsatzzeit im Kosovo viele Leichen gesehen, doch derart alle Sinne raubend hatte sich mir der Tod noch nie präsentiert.

Da ich allein unter Fremden war, hatte ich keine Möglichkeit, mich mit jemandem über das Gesehene offen auszutauschen. Meine Kameraden aus dem Feldlazarett waren alle im Camp, und die Männer, die mit mir hergefahren waren, hatten mich bei dem diensthabenden Offizier abgesetzt und waren danach wieder verschwunden. Meine Stelle auf der Intensivstation hatte jemand anders eingenommen. Ab sofort hatte ich mit dem mir unbekannten Offizier und den deutschen Polizisten auszukommen – mit lauter Leuten, die mich gar nicht beachteten. Ich dachte, dass es schlimmer nicht mehr kommen könne. Und hatte Unrecht.

Die Ereignisse des nächsten Tages ließen Orahovac wie einen Kindergeburtstag erscheinen.

Die Beamten vor Ort hatten eine ehemalige Autowerkstatt zur Obduktionshalle umfunktioniert. Als ich dort am folgenden Morgen meinen Dienst begann, roch ich schon beim Betreten des Grundstücks mein Unglück. Als ich dann in der riesigen Halle stand, in der über zwanzig Leichen ungekühlt, bei über vierzig Grad im Schatten, vor sich hin moderten, verschlug es mir vor Abscheu die Sprache. Ich versuchte mich mit aller Gewalt zu beherrschen, um nicht den Verstand zu verlieren, während mich ein freundlicher blonder Kollege vom BKA, der einen breiten rheinischen Dialekt sprach, in den richtigen Umgang mit Massengrabopfern einwies.

Ich lernte, dass ich niemals eine Leiche aufschneiden durfte, denn die Toten könnten tödlich sein. Hätte man nämlich einen Körper, der entsprechend »gesichert« war, unachtsam geöffnet, ohne ihn vorher mit einem Minendetektor abzuscannen, wäre einem der Leichnam unter Umständen mit einem Riesenknall um die Ohren geflogen.

»Ist das denn schon mal vorgekommen?«, fragte ich den Kollegen entsetzt.

Angesichts dieser offenbar naiven Frage sah er mich fast schon mitleidig an, bevor er sagte:»Die Obduktionen haben sich deswegen manchmal verzögert. Doch machen Sie sich keine Sorgen. Wenn wir gewissenhaft arbeiten, kann nichts passieren.«

Gleich darauf erzählte er mir ausführlich davon, wie einige seiner Kollegen bei einer Obduktion von einer solchen Sprengfalle überrascht worden waren.»Ehe du dich versiehst, hast ganze Scheiße im Gesicht«, polterte er los – und brach in schallendes Gelächter aus.

Ich war entsetzt über sein pietätloses Gerede. Was für ein grobschlächtiger Kerl, dachte ich empört.

Dass sein »Humor« ein hilfloses Konstrukt war, um mit der ebenso grausamen wie surrealen Situation klarzukommen, begriff ich erst später, als ich zurück in Deutschland war und meine Traumata aus dem Kosovo aufarbeitete.

Nachdem meine Einweisung beendet war, konnte ich mit der Arbeit beginnen. Die Grausamkeiten, denen ich in der Zeit beim MAD begegnete, stellten alles, was ich zuvor gesehen hatte, in den Schatten. Ich sah gepfählte Menschen. Ich sah Frauen und Männer, die mit unaussprechlichen Gegenständen gefoltert geworden waren. Ich sah Menschen, denen Rasierklingen unter den Fingernägeln steckten. Ich sah eine Frau, die in einem Dorfbrunnen ertränkt wurde, indem man eine lebendige Kuh auf sie geworfen hatte. Ich sah geköpfte Menschen. Menschen, bei denen meinen BKA-Kollegen und mir schwer zuzuordnen fiel, welcher Kopf zu welchem Körper gehörte. Ich sah Kinder, deren tote Augen noch dermaßen entsetzt schauten, dass man sich leicht ausmalen konnte, was sie zuletzt gesehen hatten.

Als ich am Ende meines ersten Tages in der Obduktionshalle wieder ins Camp zurückfuhr, kämpfte ich die ganze Fahrt über mit Übelkeitsattacken.

In unserem Zehnmannzelt wartete Johanna auf mich, die mit

mir zum Essen gehen wollte – doch ans Essen konnte ich nicht mal denken. Und zu erzählen hatte ich auch nichts. Ich konnte die Grausamkeiten, deren Zeugin ich wurde, nicht in Worte fassen. Inzwischen rief ich auch so gut wie gar nicht mehr zu Hause an, weil ich keine Ahnung hatte, was ich meinen Lieben am Telefon berichten sollte. Innerhalb kürzester Zeit verlor ich neun Kilo. Jemals wieder Fleisch zu essen, war mir unvorstellbar. Bald sprachen mich meine Kameraden gar nicht mehr an, wenn ich vom Dienst in die Halle zurückkehrte. Sie ließen mich in Ruhe, und ich – ich legte mich nach einer kurzen Dusche auf mein Feldbett und starrte die Decke an.

An den Abenden im Versorgungszelt nahm ich schon seit längerem nicht mehr teil. Ein »Katastrophengesicht« soll ich damals zur Schau getragen haben, berichtete man mir später. Psychologische Betreuung gab es im Camp nicht, dabei wäre das eine immens wichtige Einrichtung gewesen.

Kaum war der Einsatz in Orahovac beendet, wartete auch schon das nächste vom MAD offerierte Abenteuer auf mich: Leichenfunde.

Diesmal führte mich mein Auftrag zu einer großen Wiese etwa fünfzig Kilometer vom Camp entfernt.

Einer meiner Vorgesetzten ging mit mir ein paar Schritte über die Wiese und sagte dann: »So, Engelchen, jetzt geht's an eingemachte Männerarbeit.«

»Wieso?«, fragte ich, denn ich wusste nicht, worauf er hinauswollte.

»Halt mal die Nase in den Wind und versuch die Leiche zu finden«, sagte er darauf nur. »Ein Tipp noch. Dort, wo Leichen sind, stehen die Disteln besonders gut im Saft.« Dabei drückte er mir einen Spaten in die Hand, wünschte mir allen Ernstes viel Spaß und verschwand eiligen Schrittes.

Einmal mehr verfluchte ich meine Kroatischkenntnisse, denn ohne sie wäre ich nie vom MAD rekrutiert worden – und damit wären mir Einsätze wie dieser erspart geblieben.

Aber nun half alles Jammern nichts. Also versuchte ich mich zu orientieren, lief hierhin und dorthin.

Plötzlich nahm ich einen bestialischen Gestank wahr. Tatsächlich.

Da lag etwas im Gras.

Keine zehn Meter von mir entfernt.

Die Leiche eines albanischen Soldaten, die wohl schon länger auf der Wiese lag. Die Hitze und allerlei Getier hatten sie inzwischen zersetzt. Ich konnte den Soldaten nur deshalb als Menschen erkennen, weil es eine Uniform gab.

Dieser Leichenfundort, so erfuhr ich später, war im Camp allgemein bekannt. Viele Soldaten fuhren hin, um ein paar Leichenfotos für zu Hause zu klicken. Wie geradezu pervers manche Menschen mit dem Thema Tod umgehen, sollte ich noch öfter erfahren – viel öfter, als mir lieb war.

✳ ✳ ✳

Es war gut eine Woche später, früher Nachmittag, als mich mein Spieß zu einer Einheit im Hinterland beorderte. Ich fragte schon lange nicht mehr danach, wer mich und meine Dienste wo und warum brauchte. Aufgrund der vielen Einsätze verstand ich mich als die Sprachmittler-Prostituierte, die fröhlich von Kompanie zu Kompanie gereicht wurde.

Also stieg ich auch diesmal in den bereitstehenden Wagen und überließ es dem Kameraden hinterm Steuer, mich ans Ziel zu bringen. Bekannt war mir einzig, dass wir vor Ort den Dorfältesten nach seiner Verbindung zur UÇK befragen sollten.

Die Strecke war mal wieder wie aus einem üblen Bilderbuch:

Serpentinen, trockener, die Kehle füllender Staub und dazu die unbarmherzige, alles niederbrennende Sonne. Antriebslos hockte ich im Fond des schaukelnden Wagens, dessen Motor aufheulte, sobald wir ein besonders steiles Teilstück des Weges bezwingen mussten.

Die Gegend wurde zunehmend einsam. Wir befanden uns bereits im Bergland, als mir klarwurde, dass mein Trupp ein bestimmtes Bergdorf anvisierte, das malerisch und ruhig vor uns lag. Letztlich war das Dorf nicht viel mehr als eine Anhäufung von kleinen, halb verfallenen Häusern, zusammengehalten von ein paar Steinen und viel gutem Willen.

Die Sonne brannte erbarmungslos auf die Dächer und Wege des Dorfes, doch kam sie gegen die panische Hitze, die sich gleich in meinem Körper ausbreiten sollte, nicht an.

Noch bevor wir den Ortskern erreichten, begegneten uns zwei Mädchen, etwa sechs und neun Jahre alt. Sie spielten auf einer Wiese vor dem Weg, der in die Dorfmitte führte.

Wir hielten ein paar Meter vor ihnen an. Der Fahrer schaltete den Motor aus.

Ich stieg aus. In meiner Bristol, den Helm auf, näherte ich mich lächelnd den Kindern.

Die beiden Mädchen waren sommerlich gekleidet, in Röcken und T-Shirts, barfuß waren sie auch. Ihre Kleidung war aufgetragen, von Schwestern oder Cousinen möglicherweise. Obwohl offenkundig nicht wohlhabend, strahlten die Mädchen übers ganze Gesicht, ob der willkommenen Abwechslung, die da gerade in Form einer deutschen Soldatin vor ihnen auftauchte.

Ich stellte mich kurz vor und fragte sie in ruhigem Tonfall: »Könntet ihr uns bitte zum Dorfältesten führen?«

Sie antworteten nicht, steckten aber die kleinen Köpfe zusammen, fingen an zu kichern und rannten wortlos über die Wiese.

Ich stand auf der Straße, hinter mir meine Kameraden im Wagen. Alles hier wirkte so idyllisch, das schöne Dorf, die lachenden Mädchen, die zwitschernden Vögel.

Hätte ich das Unglück abwenden können?

Vielleicht. Andererseits ging alles so schnell. Ich war nicht mal in der Lage, einigermaßen klar zu denken, geschweige denn der Situation gemäß zu handeln.

Die erste Explosion war so unglaublich laut, dass ich mir unbewusst mit beiden Händen die Ohren zuhielt. Alles in mir schrie und wand sich.

Die zweite Detonation erreichte mich nur gedämpft.

Ich schaute auf und versuchte zu erfassen, was da gerade geschehen war. Meine Bristol, meine Uniform, mein Gesicht – alles war voller Blut. Hektisch blickte ich an mir herunter, auf der Suche nach einer Verletzung: Mir fehlte nichts. Ich schien unverletzt. Mehrere quälend lange Sekunden vergingen, bis ich begriffen hatte, was passiert war.

Es waren die Mädchen, die explodiert waren.

Sie mussten auf Minen getreten sein, Minen mit verheerender Sprengwirkung.

Warum ich heil davon gekommen war – schließlich explodierten die Minen keine fünfzehn Meter von mir entfernt –, das konnte ich nicht fassen.

Panisch schaute ich mich um. Doch in den Gesichtern meiner Kameraden im Wagen suchte ich vergeblich nach eine Erklärung dessen, was da gerade passiert war. Ihre vor Schreck geweiteten Augen zeigten lediglich an, dass dies kein Horrorfilm war, sondern die nackte, pure Realität.

Ich kann nicht mit Sicherheit sagen, ob es mir besser ergangen wäre, wenn ich den Schrecken in den Gesichtern meiner Kameraden nicht bemerkt hätte. Vielleicht hätte ich mir dann besser weiter in die Tasche lügen, mein Gewissen auf die eine oder andere Art beschwichtigen können. Doch die drei kriegserfahrenen Männer so hilflos und perplex zu sehen, verlieh der Situation eine Endgültigkeit, die mich, ähnlich verheerend wie die Detonationen, zutiefst erschütterte.

Nichts, kein einziges Wort fiel zwischen uns. Die Verbindung, die wir mit den Augen hielten, riss jäh ab, als wir hörten, wie eine Gruppe Menschen auf uns zustürmte.

Dann ging auf einmal alles ganz schnell. Wer, das weiß ich nicht, doch irgendjemand brachte mich in ein Haus. Ich weiß nur noch, dass Frauen schrien und ich einen Wimpernschlag später im Haus die verstümmelten Mädchen sah. Gemeinsam mit einem meiner Kameraden versuchte ich verzweifelt, die beiden Kinder zu reanimieren – leider ohne Erfolg.

Nicht einen Versuch unternahm ich, um mich am Brunnen in der Dorfmitte zu säubern. Es erschien mir respektlos angesichts dessen, dass ich unversehrt war und die beiden fröhlichen Mädchen tot.

Die Befragung des Dorfältesten, die wir alle gemeinsam in einem von Einschusslöchern beschädigten Haus durchführten, rauschte an mir vorbei. Ich funktionierte wie ein Roboter, stellte Fragen, dolmetschte, war physisch anwesend, doch in Gedanken die ganze Zeit über bei der Situation, die ich eben erst um Haaresbreite überlebt hatte.

Nur noch ganz verschwommen sehe ich mich einem dicken alten Mann gegenüber auf dessen Sofa sitzen. Er, der Patriarch, völlig unberührt von dem, was da Minuten vorher keinen Kilometer von seinem Haus entfernt geschehen war, beantwortete selbstgefällig unsere Fragen.

Der alte Mann behandelte uns abfällig, wie er es vermutlich gegenüber von Soldaten der KFOR immer tat. Er zeigte sehr deutlich, dass er uns für minderwertig, verabscheuungswürdig hielt. Er spie uns seine Antworten entgegen – ein Affront gegen jeglichen zwischenmenschlichen Umgang.

Doch es gelang uns, die Befragung hinter uns zu bringen, wenngleich ohne ein konkretes Ergebnis. Wenige Stunden nach unserer Ankunft machten wir uns vollkommen verstört und sowohl körperlich wie auch seelisch am Rande unserer Kräfte auf den Rückweg ins Camp. Unterwegs fuhren meine Emotionen mit mir Karussell, gern hätte ich die ganze Fahrt über geschrien. Stattdessen saß ich zusammengesunken da und starrte apathisch ins Leere, während es in meinem Inneren tobte. Dass ausgerechnet ich diesen Horror überlebt hatte, ließ meine Schuldgefühle ins Unermessliche wachsen ...

Tags darauf klingelte der Wecker wie fast jeden Morgen um kurz vor sechs. Die Abfahrt in ein weiteres Bergdorf, wo wir ebenfalls eine Verabredung mit einem Dorfältesten hatten, war für sieben Uhr angesetzt, weshalb das Frühstück ausfallen musste. Ich bedauerte es nicht, denn wir bekamen seit Tagen allmorgendlich die Restbestände an Hartkeksen der Justizvollzugsanstalt vorgesetzt.

Gegen zehn Uhr erreichten wir das Dorf, das bestimmt tausend Meter über dem Meeresspiegel lag. Ein Filmteam des WDR begleitete uns. Es sollte dokumentieren, wie effektiv die Arbeit der Bundeswehrsoldaten im Einsatz war.

Der hiesige Dorfälteste empfing uns am Ende der Hauptstraße und führte uns in sein Haus. Offiziell bestand meine Aufgabe wieder darin, ihn zur UÇK, deren Kämpfer auch in seinem Dorf gewütet hatten, zu befragen. Allerdings kamen wir gar nicht dazu, denn die Fragen, die der Reporter des WDR auf dem Herzen hatte, drehten sich um ganz andere Themen. Der Dorfälteste gab willig Auskunft über den Ackerbau, die Dorfschule und die Errichtung des Brunnens, mit der die Bundeswehr vor wenigen Tagen begonnen hatte.

Er war ein alter Mann mit einem groben, von tiefen Furchen gezeichneten Gesicht. Doch als er uns von den Zeiten erzählte,

in denen er in seiner Jugend mithalf, die Dorfschule zu bauen –
da leuchteten seine Augen mit den Sternen um die Wette.

Während ich seinen Ausführungen lauschte, kamen ohne jede
Vorwarnung böse Erinnerungen an die beiden Mädchen in mir
hoch. Doch obwohl ich beinahe damit rechnete, dass mich auch
in diesem Bergdorf wieder ein ähnliches Horrorerlebnis erwartete, blieb es an diesem Tag aus.

Die Tochter des Hauses servierte uns traditionsgemäß Mokka
und auch etwas zu essen. Da wir uns sehr sympathisch waren,
wurde das Gespräch immer persönlicher. Als mich der Dorfälteste nach den Zuständen im Camp fragte, antwortete ich:»Na
ja, die Verpflegung dort ist schon ein wenig dürftig.«

»Das kann ich kaum glauben«, sagte er ziemlich entsetzt.

Seine Tochter, die gleich nach meiner Antwort aufgesprungen
und aus dem Raum verschwunden war, kam nun zurück und
drückte mir einen Laib Brot in die Hand.»Hier, bitte«, sagte sie
leicht amüsiert.

»Danke!« Ich konnte mein Glück kaum fassen. Einen kompletten Brotlaib hielt ich in meinen Händen – ein Brot, nur für
mich allein. Wie ein kleines Kind freute ich mich – und das Ka-
merateam des WDR hatte große Freude, meine begeisterten
Gebärden mit der Kamera festzuhalten.

Kaum im Camp angekommen, trommelte ich die Kameradinnen aus meinem Zelt zusammen, zerteilte das Brot, gab jeder
von ihnen ein Stück ab – ich hätte schwören können, dass der
Himmel in diesem Augenblick ein klein wenig blauer wurde.

Als ich aber hinaufblickte, um das Himmelsblau zu genießen,
spannte sich just in dem Moment ein Regenbogen über unseren
Köpfen. Ich schoss ein Foto, das wirklich toll geworden ist. Es
steht heute auf meinem Schreibtisch und mahnt mich, in jeder
noch so schlimmen Situation nach einem Regenbogen Ausschau
zu halten.

In jenem Moment im Camp, als wir so heiter und endlich mal wieder satt zusammensaßen, gelang es mir für einen Augenblick, all das Leid, das ich gesehen hatte, zu vergessen. Oft genug fehlten mir die Worte, um auszudrücken, wie ich mich fühlte. Doch es gibt einen unsagbar guten Text des Rappers Moses Pelham, dessen Lieder ich immer und immer wieder im Einsatz gehört habe, weil sie meine Situation sogut widerspiegelten. Der Text aus dem Song »Geteiltes Leid«, und lautet folgendermaßen:

Kennst du Leiden, kannst du leiden.

Leiden kann jeder, aber sich im Leid suhlen, das Leid annehmen, darüber hinwegkommen und den kurzfristigen Triumph über das Leid, der nur darin besteht, es aufrecht ertragen zu haben, als Glück zu sehen, nur um sich bald neuen Leiden hinzu-, nicht aber zu ergeben, das will gelernt sein.

Was Leiden angeht, glaube ich, kann ich ein Lied singen, oder zehn oder zwanzig, aber ich stehe noch. Jedenfalls kommt es mir manchmal so vor, als würde ich das Leid suchen, nur um es überwinden und darüber schreiben zu können.

Vielleicht ist es aber so, dass das Leid mich sucht und ich darüber schreibe, weil es nur so zu überwinden ist.

Das Leid wird erträglicher, wenn es festgehalten wird – wenn auch nur in Worten und Melodien. Ich habe weniger Leid, wenn es geteilt wird – wenn auch nur mitgeteilt.

Vielleicht stimmt es, dass geteiltes Leid halbes Leid ist. Vielleicht ist das aber wie so vieles andere auch einfach nur Lüge.

Wie auch immer, ich möchte dir danken, dass du mir erlaubst, mein Leid mit dir zu teilen.

Du trägst damit mein Päckchen ein Stückchen mit mir und erleichterst meine Last, wenn meine Lieder dich begleiten, während du deine Leiden erträgst und sie für dich Zeuge deiner Leiden sein können, wie sie für mich Zeuge meiner Leiden sind.

Wenn sie dir nur in einem Moment Trost sein können, wie sie mir in so manchen Momenten Trost sind, dann sind wir in diesen Liedern fester miteinander verbunden, als es die meisten Verwandten jemals sein werden.

Wohlan, das sind meine Hörer, meine rechten Hörer, meine vorherbestimmten Hörer – was liegt mir am Rest? Der Rest ist nur die Menschheit – man muss der Menschheit überlegen sein durch Kraft, durch Höhe der Seele, durch Verachtung.

Ich werde nicht aufhören, meine Leiden in Lieder zu fassen, bis meine Leiden mir endlich das Rückgrat brechen, ich zu Boden falle und sich die Menschheit auf mich stürzt.

Doch selbst wenn es so weit ist, werdet ihr nicht verhindern können, dass neue Menschen aus diesen Liedern Trost, Mut, Hoffnung und Kraft schöpfen. Unter diesen Menschen wird immer einer sein, der bereit ist, dieser Welt mit fester Stimme seinen Schmerz, seine Leiden, seine Verachtung und seinen Namen entgegenzuschleudern.

Das soll mir Trost sein.

In diesem Sinne
Moses Pelham

Kein Tag vergeht
ohne das wohlbekannte Gefühl
des Schmerzes
– in meinem Kopf
– in meiner Brust
– in meinem Herzen.
Ich habe zu viel versprochen
und nichts davon gehalten.
Wem kann ich
auf dem langen Weg zu mir
noch glauben?

8.

Eines Morgens, immer noch im Dienst des MAD, erwachte ich mit einem seltsam tauben Gefühl in den Gliedmaßen. Es schien, als wären all meine Kraft und jegliches Empfinden aus meinem Körper gewichen. Ich schob die Kraftlosigkeit auf die Strapazen der letzten Tage und beschloss, nicht weiter darüber nachzudenken.

Also stellte ich mich zu meinen Kameraden an den Waschzuber, wusch mich und ließ danach das allmorgendliche Antreten um sieben Uhr – bei dem wir in Formation dastanden, um die Befehle des Tages entgegenzunehmen – über mich ergehen. Im Küchenzelt »stärkte« ich mich für den Dienst: mit einem weichen Brötchen und zerfließendem Käse.

Die Zeit für die Mahlzeiten fiel knapp aus, und das hatte einen Grund: Im Küchenzelt stand nur eine begrenzte Anzahl an Essensplätzen zur Verfügung, weshalb jeder Kompanie eine genau definierte Zeitspanne zum Essen blieb, an die man sich zu halten hatte.

Da ich sowie einige andere Soldaten unseren Tagesbefehl nicht beim Antreten mitgeteilt bekamen, sondern in der Kommandozentrale, musste ich jeden Morgen etwa einen halben Kilometer gehen, um meinen Tagesablauf zu erfahren.

Ein jeder Soldat erhielt morgens eine sogenannte Ist-Vorgabe, die nach Möglichkeit – und man hatte sich gefälligst darum zu bemühen, dass aus der Möglichkeit Fakt wurde – einzuhalten war. Schließlich verfolgten wir einen bestimmten Auftrag im Einsatzgebiet der Multinational Brigade South. Und da unser Kontingent nur für begrenzte Zeit im Einsatzgebiet verweilen sollte, hatten wir für die unendlich vielen Brandherde im Kosovo, die es tagtäglich zu beseitigen galt, jeweils eindeutig definierte Zeitvorgaben.

Ich eilte also zur Zentrale. Dort erfuhr ich, dass mich mein heutiger Auftrag in ein ehemals sowohl von Serben als auch von Albanern bewohntes Dorf führen sollte. Dort seien bei einer Massenvergewaltigung einundzwanzig Kinder von Bewohnern des Dorfes sexuell missbraucht worden. Es waren lediglich Beschuldigungen laut geworden, niemand wusste etwas Genaueres. Meine Aufgabe bestand nun darin, die eventuell betroffenen Kinder zu befragen und die Ergebnisse im Protokoll festzuhalten. Obwohl die Aufgabe, im Befehlston vorgetragen, sehr sachlich klang, war mir deutlich bewusst, dass ich es mit Wesen zu tun bekommen sollte, die die Hölle auf Erden erlebt hatten.

Als wir – mehrere Kameraden, ein Major darunter – gegen Mittag unseren Einsatzort erreicht hatten, setzten uns die Hitze, aber auch unsere leeren Mägen mächtig zu. Es war keineswegs einfach nur heiß – es schien, als wollten die erbarmungslosen Sonnenstrahlen uns mit ihrer Hitze jeder Selbstkontrolle berauben, sich unseres Sprachzentrums, unserer Körperbeherrschung und langsam, aber sicher auch unseres Verstandes bemächtigen.

Es dauerte ein wenig, bis wir die Kinder beisammenhatten, weil wir erst die Erwachsenen des Dorfes von unserem Vorhaben überzeugen mussten.

»So verstehen Sie doch«, versuchte ich etwa eine Mutter zu überzeugen, die uns jede Auskunft verweigerte. »Wir wollen Ihnen und vor allem Ihren Kindern helfen. Die Befragung ist dringend notwendig, denn nur so können wir die Vorgänge aufklären.«

»Wir regeln das unter uns«, sagte diese Mutter darauf, ehe sie mir die Tür vor der Nase zuschlug.

Die Menschen im Dorf begegneten uns zumeist offen feindselig. Sie wollten offenbar kein Licht ins Dunkel bringen. Erst die Androhung von Waffengewalt brachte sie dazu, uns wenigstens zu dulden.

Etwa eine Stunde nach unserer Ankunft in dem zerschossenen, vom Krieg hart gebeutelten Dorf befragte ich einige der Kinder.

Die Befragung fand in einem Schuppen auf Kroatisch statt, da die Mädchen und Jungen serbischer Herkunft waren. Im Schuppen musste einst Fleisch geräuchert worden sein, er roch noch immer danach. Ich setzte mich auf einen kleinen Melkschemel und ermutigte die Kinder, es sich ebenfalls bequem zu machen.

Zwar habe ich niemals auch nur eine Unterrichtsstunde in Verhörtechnik mitgemacht, dennoch war mir klar, dass mir hier äußerst fragile Wesen gegenübersaßen. Also legte ich jeglichen Pragmatismus gemeinsam mit meiner Bristol ab und begegnete den verunsicherten Kindern vor mir mit Menschlichkeit und ehrlichem Interesse.

Obwohl ich ja angehalten war, die Ergebnisse der Befragung schriftlich festzuhalten, war es mir nicht möglich, auch nur eine der Grausamkeiten aufzuschreiben, die mir diese Kinder schilderten – es war, als würden all die von ihnen aufgezählten Abscheulichkeiten durch das geschriebene Wort ein zweites Mal zur Realität.

Ich kann mich noch lebhaft an ein Gespräch mit einem Zwölf-
jährigen erinnern, dessen Worte ich allerdings nur bruchstückhaft wiedergeben kann.

»Willst du mir vielleicht erzählen, was dieser Mann mit dir
gemacht hat?«, fragte ich ihn nach einer längeren Unterhaltung
zuvor.

»Er hat mit mir gemacht, was Papa oft mit Mama tut. Nur dass
ich dabei auf dem Bauch liegen musste.«

Obwohl ich entsetzt war, versuchte ich die Fassung zu bewahren. Dennoch musste ich mehrfach schlucken und tief durchat-
men, bis ich mich gefangen hatte und weitermachen konnte.
Aber es sollte noch viel schlimmer kommen.

»Kannst du mir sagen, wie oft das passiert ist?«, hakte ich nach,
in der Hoffnung, es möge ein einmaliger Alptraum gewesen
sein.

Da antwortete der Junge leicht beschämt: »Jedes Mal, wenn
ich danach geblutet habe, hat er zu mir gesagt, dass er es gleich
noch einmal tun würde – zur Strafe.«

»Kannst du mir sagen, wer der Mann war, der es dir angetan
hatte?«

»Mein Onkel sagt, ich darf es keinem verraten.«

Nach diesem Satz wandte sich der Junge ab, wollte nichts mehr
sagen.

Ich bat um eine kurze Pause und ging zur Toilette, um mir mit
kaltem Wasser das Gesicht zu erfrischen. Wie soll ich das hier
bloß durchhalten?, fragte ich mich. Und wusste es nicht.

Mit zusammengebissenen Zähnen taumelte ich zurück zu den
Kindern: Um ihretwillen war ich hier, und um ihretwillen würde
ich die Befragung zu Ende bringen.

Zwar waren all die Jungen und Mädchen, die brav auf mich
gewartet hatten, sehr verängstigt, dennoch schien es, als seien sie
erleichtert, dass ihnen endlich jemand zuhörte.

Nicht nur der zwölfjährige Junge, nein, sämtliche Kinder, die ich befragte, berichteten grausame Dinge, die kaum unmenschlicher hätten sein können. Sie waren alle mehrfach vergewaltigt worden. Die Täter hatten verschiedene Gegenstände in ihre Körperöffnungen eingeführt. Sie hatten die Kinder mit brennenden Zigaretten gequält. So entsetzlich diese bestialischen Taten für die Kinderseelen auch gewesen sein mussten, die Kinder hörten nicht auf zu erzählen, nutzten jede Sekunde, um ihre Pein loszuwerden.

Ununterbrochen wünschte ich mir, es möge gleich irgendjemand hereinkommen und ganz laut ausrufen:»Reingelegt, liebe Daniela! In Wirklichkeit ist den Kindern gar nichts passiert! Rein gar nichts!«

Ich wartete umsonst – und das ganze zwei Wochen lang, denn so lange zogen sich unsere Befragungen hin.

Es war zermürbend.

Ein Schrecken ohne Ende.

Es war die Hölle, anhören zu müssen, was Erwachsene Kindern antun können, wundervollen, durchweg liebenswerten kleinen Jungen und Mädchen. Vor diesen Kindern nicht in Tränen auszubrechen, erforderte eine schier übermenschliche Willenskraft.

Ich kann mir Emotionen nicht erlauben. Nicht jetzt. Das prägte ich mir ununterbrochen ein, wenn mich die Schilderungen der Kinder zu übermannen drohten. Immerhin bot ich ihnen die Möglichkeit, für die an ihnen verübten Grausamkeiten Vergeltung zu fordern. Allerdings nicht nach dem Prinzip »Auge um Auge, Zahn um Zahn«. Dafür waren wir zu zivilisiert.

Leider!

✳ ✳ ✳

Nachdem sich die Anschuldigungen also bestätigt hatten, fuhren wir täglich in das Dorf. Jedes Mal kamen neue, immer perversere Einzelheiten ans Tageslicht. Allmählich fühlte ich mich wie ein Fass, das langsam, aber sicher überzulaufen drohte. Das Alter der Kinder lag zwischen sechs und fünfzehn Jahren. Da die meisten von ihnen elternlos waren, wohnten sie – falls sie Glück hatten und geduldet wurden – bei ihren Verwandten, oder sie waren völlig auf sich allein gestellt und lebten auf den Dorfstraßen. Das Einzige, was diese Jungen und Mädchen besaßen, waren jede Menge Leid und Kameraden, die sie ohne Worte verstanden, denn sie alle peinigten ja die gleichen Bilder.

Mir waren diese Kinder nicht fremd. Erst als ich wieder in Deutschland war, wurde mir bewusst, dass auch mich das Schicksal mit meinen traumatisierten Kameraden zusammengeschweißt hatte.

Ein Kind wuchs mir während dieser zwei Wochen im Dorf ganz besonders ans Herz.

Ivica war ein schmächtiger Junge von etwa sieben Jahren – dunkle Locken, pechschwarze Augen. Der kleine Kerl war von ein und demselben Mann unzählige Male missbraucht worden. Daher lag es nahe, eine Gegenüberstellung zu initiieren, bei der Ivica seinen Peiniger identifizieren sollte. Damit wäre die NATO in der Lage, den Täter vor dem Kriegsverbrechertribunal in Den Haag anzuklagen.

Nur: Wie sollte ich Ivica meinen Vorschlag unterbreiten?

Ich nahm ihn mit in den Schuppen, kniete mich vor ihn hin und fasste seine kleinen Hände.»Mein Süßer«, begann ich und lächelte ihn an,»mein Chef hat gefragt, ob du uns zeigen könntest, wer dir all die schlimmen Dinge angetan hat.«

Die Augen des Jungen weiteten sich vor Schreck. Mit ungeahnter Kraft entzog er mir seine Hände. Und schüttelte heftig den Kopf.

Ich versuchte ihm die vertrackte Lage zu erklären:»Nur wenn du das tust, können wir den Mann festnehmen und ins Gefängnis stecken.«

Ivica wehrte sich aus Leibeskräften gegen meinen Vorschlag.

Einem gesunden Impuls folgend, sträubte sich alles in ihm, uns den Mann zu zeigen – schließlich wusste der Junge, zu welcher Brutalität derjenige fähig war.

»Nein, das kann ich nicht!«, stieß Ivica zitternd hervor und schüttelte erneut den Kopf. »Wenn ich das mache, ist er sicher böse mit mir. Und er tut mir auch schon weh, wenn er nicht böse mit mir ist.«

Traurig sah mich Ivica an und wirkte auf einmal noch kleiner, als er ohnehin schon war.

Er rang mit seiner Angst. Mir zerriss es fast das Herz.

Doch ich war felsenfest davon überzeugt, dass eine Gegenüberstellung das Beste für ihn sei, und ließ deshalb nicht locker.

»Liebling, wir alle sind bei dir. Ich werde nicht einen Zentimeter von deiner Seite weichen. Dir kann nichts passieren, das verspreche ich dir.«

Eine Dreiviertelstunde redete ich mit Engelszungen auf Ivica ein. Versprach ihm, mit meiner Pistole auf ihn aufzupassen. Versprach ihm, allzeit bei ihm zu sein. Versprach ihm, sein Leben mit meinem Leben zu schützen.

Schließlich gab er nach und reichte mir die rechte Hand. Während er mir mutig in die Augen schaute, zog er mich aus dem Schuppen.

»Komm mit«, forderte er mich auf.

Ich ergriff seine kleine, schweißnasse Hand und hielt sie ganz fest.

Die Sonne brannte, ich musste die Augen zusammenkneifen – das grelle Licht blendete mich schmerzhaft.

Wir gingen zum Dorfplatz, wo die Militärpolizei in der Zwischenzeit den beschuldigten Mann zusammen mit vier weiteren, unschuldigen Männern aufgestellt hatte. Hier unter freien Himmel und unter den Blicken der neugierigen Dorfbewohner sollte nun die Gegenüberstellung erfolgen.

Ich war mir keiner Gefahr bewusst, hatte den Männern von der Militärpolizei mein eigenes Leben bei mehr als einer Gelegenheit bedenkenlos anvertraut. Von ihrer Professionalität war ich jederzeit überzeugt – und ich war überzeugt, Gutes zu tun.

Noch nie im Leben hatte ich so danebengelegen.

Ahnungslos gingen wir, der tapfere Ivica und ich, auf die Männer zu. Ivicas kleine Hand, die schwer in der meinen lastete, zitterte spürbar.

Da kam ein Militärpolizist zu mir und forderte: »Fragen Sie den Kleinen, wer ihm all die schrecklichen Dinge angetan hat.«

Ich übersetzte seine Worte und sah, wie Ivica all seinen Mut zusammennahm. Dann streckte der Junge den linken Arm aus und deutete auf einen der Männer.

Jetzt wird alles gut, dachte ich erleichtert und atmete auf.

Doch in derselben Sekunde, in der Ivica mit seinem spindeldürren Ärmchen auf den Mann zeigte, griff dieser nach hinten und zog aus seinem Hosenbund einen kleinen Revolver. Er zielte auf den Jungen – und drückte ab.

Ein Schuss.

Das Gesicht des kleinen Ivica explodierte.

Der Jungenkörper sank zu Boden.

Kein einziger Ton entwich meiner Kehle, es wurde dunkel um mich. Weder die Anwesenheit meiner Kameraden noch die unmittelbare Gefahr, in der ich mich befand – immerhin stand der Täter noch immer mit gezogener Waffe vor mir – interessierten mich in dem Augenblick. Für mich gab es nur noch Ivica. Und mich, mit meinem zum Himmel schreienden Versagen.

Panisch suchte ich in dem komplett zerstörten Kinderantlitz nach den Überresten der Nase, um den Jungen beatmen zu können. Ich fand sie und strengte mich an, doch wollte es mir nicht gelingen, die kleine Lunge mit Sauerstoff zu füllen. Die Luft entwich immer wieder aus einer Öffnung, die mal das Kinn gewesen sein musste.

Aus Sekunden wurden Ewigkeiten, ich machte beharrlich und wie von Sinnen weiter, bis mich jemand am Arm packte und wegzog. Ich wehrte mich mit Händen und Füßen, so dass man mich zu Boden drücken musste.

Ab da weiß ich nichts mehr. Ich vermute, dass man mir ein starkes Beruhigungsmittel verabreichte.

Meine Erinnerung setzt erst einen Tag später wieder ein, weshalb ich weder weiß, was aus dem Mann, noch – und das ist weitaus schlimmer – was aus Ivicas Leichnam geworden ist.

Der Vorfall wurde im Camp nicht groß diskutiert, vermutlich aus Rücksicht auf meine Situation. Ich war heilfroh, mich nicht erklären zu müssen. In der ganzen Zeit meines Einsatzes im Kosovo erzählte ich niemandem von Ivicas Tod, nicht mal Johanna. Es war mir nicht möglich, das Grauen, das erst über Ivica und dann – in gänzlich anderer Weise – auch über mich hereingebrochen war, in Worte zu fassen.

Lange Zeit habe ich versucht nachzuvollziehen, was genau nach dem Attentat auf Ivica geschehen sein könnte, was mir dort zugestoßen ist, was zu diesem unglaublichen Filmriss geführt haben mag. Ich kann mich nicht entsinnen, wie ich zurück ins Camp gekommen bin, und ich weiß weder, wie ich den restlichen Tag, noch, wie ich die Nacht verbracht habe. Jede einzelne Minute, die mir aus dieser Zeit fehlt, hat sich im Laufe der Jahre zu einer nicht endenden Spirale der Schuld potenziert, einer Schuld, die mir Tag für Tag den Atem nimmt.

Es wundert mich, doch so etwas wie Hass auf den Täter verspüre ich selbst heute nicht. Das einzig vorhandene Gefühl ist Schuld. Dazu ein grenzenloser Zorn auf mich. Weil ich so lange auf Ivica eingeredet und seine erste Reaktion, die Gegenüberstellung unbedingt zu vermeiden, nicht ernst genug genommen habe. Nicht einmal auf den verantwortlichen Militärpolizisten, der für die Entwaffnung des Mannes zuständig gewesen wäre, bin ich wütend. Einzig mir selbst kann ich nicht verzeihen, dass der Täter Ivica getroffen hat und nicht mich, die den armen Jungen ins Freie zerrte.

Ich hätte sterben müssen – für mein Unvermögen.

Mich hätte die Kugel treffen sollen.

Meine Schuld.

Es ist eine Sache, zu wissen, dass man nicht wirklich für den Lauf der Dinge verantwortlich ist. Auf Verstandesebene weiß ich, dass an jenem Tag in jenem Dorf wahnsinnig viele Faktoren zusammengekommen sind, die, sagen wir mal, recht ungünstig waren. Doch aus meinem Bauch, meinem Herzen, aus meiner Seele dringen zu mir Nacht für Nacht Rufe: Warum, um Gottes willen! Warum habe ich es nicht besser gewusst! Warum habe ich nicht rechtzeitig gehandelt! Warum habe ich die Gefahr nicht früher bemerkt!

Es vergingen mehrere Tage, bis ich wieder in der Lage war, auf menschliche Ansprache zu reagieren. Zwar absolvierte ich mechanisch meinen Dienst auf der Intensivstation und auch die Befragungen zu den Ereignissen im Dorf, doch wenn ich nicht gerade in einer medizinischen Rettungsaktion oder im Verhör steckte, packten mich die Schuldgefühle über Ivicas Tod. Zwischen Wut und Ohnmacht pendelnd, fragte ich mich beständig, warum ich überlebt hatte. Ich vermochte keinerlei Sinn mehr zu erkennen, und das Gefühl, von Sinnlosigkeit umgeben zu sein, sollte sich auch nach meiner Rückkehr nach Deutschland fortsetzen.

Nach dem Tod des Jungen versank ich in Selbstmitleid und seelischer Geißelung – beides habe ich bis zum heutigen Tage verfeinern, beinahe perfektionieren können. Im Prinzip ist mir jeder Anflug von Schuld in Bezug auf die tragischen Ereignisse jederzeit herzlich willkommen.

In der kommenden Woche brachten wir die Befragungen im Dorf zu Ende. Keines der verbleibenden Kinder wagte es noch, seine Peiniger zu entlarven, so dass wir keine verwertbaren Aussagen mehr erhielten. Letztlich mussten wir unverrichteter Dinge unsere Waffen vor Kriegsverbrechern strecken. Eine entwürdigende Erfahrung.

Bis heute weiß ich nicht, was aus Ivicas Mörder geworden ist. Mich in der Zeit meines Einsatzes danach zu erkundigen, habe ich vermieden. Vermutlich weil ich Angst davor hatte, erfahren zu müssen, dass der unfassbar seelenlose Verbrecher ungesühnt davongekommen ist.

Ich konnte es mir damals nicht erlauben, Schwäche zu zeigen, denn ich brauchte all meine Kraft, um im Alltag zu funktionieren. Das Leben im Einsatz ging weiter – ohne Erbarmen.

Wenn Menschen zu deinen Feinden werden,
werden Worte zu deinen Freunden.

9.

Seit der MAD mich zum ersten Mal für seine Zwecke abkommandiert hatte, veränderte sich mein Tätigkeitsfeld komplett. Die Arbeit auf der Intensivstation fehlte mir, und ich hätte einiges darum gegeben, wenn ich im Camp hätte bleiben können, statt tagtäglich mit meinen Kameraden durchs Land zu fahren, um Befragungen durchzuführen.

Eines Morgens erhielten wir den Auftrag, einige vermeintliche UÇK-Kämpfer zu verhören. Fast die gesamte Bevölkerung eines Dorfes war zu Tode gekommen – und wir sollten die Täter aufspüren. Zunächst setzten wir unsere Informanten ein. Wenige Tage später nannte uns einer von ihnen die Adresse eines vermeintlichen hohen UÇK-Mitgliedes.

Unsere Patrouille war mit einem G36-Gewehr und Pistolen bewaffnet, als wir eines Abends vor dem Haus des Mannes eintrafen – den Helm und die Bristol hatten wir auch schon angelegt.

Zu viert stürmten wir das Gebäude.

Mit lautem Getöse flog die Haustür auf.

Drinnen war alles dunkel, weshalb wir einen Moment brauchten, um uns zu orientieren. Wir schlichen gerade in Zweiergruppen durch die Räume im Erdgeschoss, als wir aus dem oberen Stockwerk ein Schluchzen vernahmen, das von einer Frau stammen musste.

Der Kamerad, der mit mir unterwegs war, nickte mir zu und gab damit zu verstehen, dass ich ihm in den ersten Stock folgen sollte.

Er rannte voraus. Am oberen Treppenabsatz raunte er mir zu: »Du schaust links, ich rechts!«

Ich nickte.

»Du bist eine Frau, auf dich wird sie hören«, sagte er noch – und lief los.

Meine Waffe im Anschlag schritt ich den linken Flur entlang. Das Schluchzen wurde lauter und klagender.

Als ich eine angelehnte Tür erreichte, stieß ich sie auf und sah mich einer Frau um die dreißig gegenüber, die mit einem Bündel im Arm am Fenster stand.

Auf Kroatisch sagte ich zu ihr: »Nehmen Sie die Hände hoch. Lassen Sie fallen, was Sie da im Arm halten, und kommen Sie langsam zu mir.«

Sie tat nichts dergleichen, nur ihr Schluchzen wurde verzweifelter.

»Hände hoch und umdrehen!«, befahl ich barsch.

Nichts. Die Frau sah mich nicht einmal an.

Da stürmte ich auf sie zu, hielt ihr mein Gewehr unter die Nase und schrie: »Wirf sofort dieses Bündel auf den Boden, oder ich ballere dir das Gesicht weg!«

Das war drastisch, aber ich musste unbedingt zu der Frau durchdringen, weil ich sonst womöglich wirklich hätte schießen müssen. Schließlich hatte ich nicht die geringste Ahnung, was sie da in ihren Armen versteckt hielt. Für mich und meine Kameraden bedeuteten solche Situationen in erster Linie unmittelbare Gefahr – und nach den Umständen von Ivicas Tod hätte ich es nicht verkraftet, für den Verlust auch nur eines einzigen weiteren Menschenlebens verantwortlich zu sein. Zwar war ich alleine mit der Frau, doch wenn sie mich niedergeschossen hätte, hätten meine Kameraden ohne Umschweife das Zimmer gestürmt – unter Umständen in einen Kugelhagel hinein.

Mein Drohruf verhallte ohne Wirkung. Wie zuvor wiegte die Frau ihr Bündel, sie schien in eine Art Hospitalismus verfallen zu sein.

Angespannt bis in die Haarspitzen stand ich da und überlegte fieberhaft. Was sollte ich tun? Was, wenn die Frau eine Waffe bei sich trug? Genau, ich musste sicherstellen, dass sich bei ihr keine Waffen befanden!

So hielt ich mein Gewehr weiterhin auf die Frau gerichtet und griff mit der linken Hand in ihr Bündel.

Das hätte ich nicht tun sollen.

Keineswegs konnte ich feststellen, was sich im Bündel befand, doch augenblicklich kam eine allzu bekannte Empfindung über mich: Ekel.

Als ich nachschaute, befand sich im Bündel eine Leiche. Die Leiche eines Babys.

Das Baby musste schon seit Wochen tot sein, denn sein Körper war hochgradig verfallen. Ich hatte in die Bauchhöhle des toten Babys gegriffen.

Die Mutter aber hatte vermutlich nicht wahrnehmen wollen oder können, dass ihr Kind tot war.

Wie es sich angefühlt, mit den Fingern in einen verwesten Kindertorso zu greifen, dieses Gefühl ist heute noch so präsent wie damals. Sobald ich die Augen schließe, sehe ich das Haus, die Frau, steigt mir der Verwesungsgeruch in die Nase.

Nachdem ich meine Waffe beiseitegelegt hatte, säuberte ich die Hand an meiner Hose und nahm die Frau wortlos in die Arme.

Noch immer spüre ich, wie sie enthemmt weinend und verzweifelt an meiner Schulter lehnt, beide Arme fest um mich geschlungen, die Finger in meine Uniform gekrallt. Noch immer spüre ich, wie ihre Tränen und ihr Speichel an meinem Hals hinabrinnen.

Minuten vergingen. Oder waren es Stunden?

Als meine Kameraden in den Raum kamen, erfassten sie die Situation sofort und führten uns beide, Arm in Arm, aus dem Haus. Draußen brachte ich das Bündel wieder in Ordnung und reichte es der Frau, die es sogleich wieder auf den Arm nahm.

Wir übergaben die Frau einer ihrer Nachbarinnen, die sich um sie zu kümmern versprachen. Mehr konnten wir nicht für sie tun. Ich war keine Therapeutin, als Soldatin konnte ich der verzweifelten Frau nicht mehr Zeit widmen.

Meine Kameraden drängten zum Aufbruch. Das Haus des Grauens im Blick, stieg ich in unseren Wolf ein.

Nirgendwo in den Statuten der Bundeswehr steht, wie viel Zeit an emotionalem Beistand ein traumatisierter Mensch von einem NATO-Soldaten verlangen darf. So starrte ich auf der Rückfahrt ins Camp stumm aus dem Fenster und erstellte im Geiste eine Liste: Erschießung von Familienmitgliedern – dreißig Minuten, Vergewaltigung – fünfzehn Minuten, körperliche Gewalt – vergiss es, die sollen sich nicht so anstellen!

✳✳✳

Es war absolut sinnlos, darauf zu hoffen, dass je wieder so etwas wie Normalität einkehrte. Am nächsten Tag ging es wie gewohnt weiter, als wäre nichts geschehen.

Ich lief durchs Camp wie ferngesteuert, unfähig zu jeglicher Reaktion. Wie ich meine Arbeit erledigte, kann ich nicht sagen, es war, als wäre ich eine Marionette.

Ein paar Tage nach der Begegnung mit der Frau und dem toten Baby empfing ich am Morgen meinen Befehl, stieg in den Wolf und fuhr mit einigen Kameraden stundenlang über steile Kurven in ein Dorf, das verlassen, ja regelrecht ausgestorben schien. Wir stiegen aus und überprüften die Lage, checkten Ecke um Ecke, Erker für Erker. Nichts.

Lange nichts.

Bis plötzlich ein Kamerad brüllte: »Hier ist was!«

»Wo?«, rief ich, denn ich konnte nichts entdecken.

»Na dort, im Stall.«

Er hatte Recht. Im Stall fanden wir die Leichen von fünfzehn Menschen, die mit Spiritus übergossen und offenbar bei lebendigem Leib verbrannt worden waren.

Keiner kann einem anderen plausibel erklären, weshalb Menschen anderen Menschen so etwas antun. Sind wir nicht alle Geschöpfe Gottes, Allahs – oder wie auch immer man den Schöpfer nennen möchte? Unvorstellbar, dass irgendein Gott solche Grausamkeit gutheißt.

Sogleich sagte einer meiner Kameraden: »Hier können wir nichts mehr tun. Hier müssen Leichenbeschauer her. Wir sollten weiter, Männer. Sattelt die Hühner. Hier liegen überall Kadaver, es gibt also noch viel zu entdecken.«

Seine Respektlosigkeit menschlicher Tragik gegenüber ließ mich aggressiv werden. »Ist das alles, was Ihnen einfällt? Da drin sind Menschen *verreckt*! Ist Ihnen das etwa total egal?«, schrie ich ihn an.

»Ach, Mädel«, erwiderte er nur und bedachte mich mit einem herablassenden Lächeln. »Irgendwann gewöhnst du dich schon dran. Krieg ist nun mal die Hölle, aber sein Sound ist echt geil!

So, und jetzt setz dich gefälligst in deinen Wagen und mach deinen Job. Immerhin bezahlt dich das deutsche Volk dafür!«

»Vollidiot«, murmelte ich.

Außer mir schienen die grausam gemarterten Toten niemanden auch nur annähernd zu berühren. Eine Diskussion über das schlechte Essen im Lager hätte größere Resonanz gefunden als diese verkohlten Leichen. Welche Grausamkeiten hatten diese Männer bereits gesehen, dass sie das hier nicht mal zu einem müden Schulterzucken bewegen konnte?

Als wir am Nachmittag nach einer äußerst unbequemen Fahrt bei sengender Hitze das Camp erreichten, erfuhren wir, dass es bei uns in der Nähe einen tödlichen Autounfall gegeben hatte.

Mehr an Information bekamen wir nicht. Das lag vermutlich daran, dass nicht einmal die Führung genauer Bescheid wusste. Der Krankenkraftwagen mit den deutschen Unfallopfern parkte aber bereits vor dem Betreuungszelt.

Kaum eine Minute später starrte ich auf Leichensäcke mit den sterblichen Überresten zweier Kameraden. Einer der beiden schlimm zugerichteten Toten war mein Kamerad Reinhard. Erst vor drei Tagen hatte er mir stolz ein Bild seiner Frau und seines Sohnes gezeigt.

Mein Vorgesetzter drehte sich zu mir um und sagte: »Engelchen, wir finden den Ringfinger nicht. Schau du mit deinen schlanken Fingern doch mal nach.«

Nach eineinhalb Stunden Suche hatte ich den Finger gefunden und dachte ich hätte damit meine Schuldigkeit getan. Ich wandte mich zum Gehen.

Doch Fehlanzeige!

»He, Dani, nicht weglaufen!«, rief mir einer meiner Kameraden hinterher. »Wir kriegen den Zinnsarg nicht zugeschweißt. Knie dich mal oben drauf und halt den Deckel zu.«

Bei den Zinnsärgen der Bundeswehr ist an einem Ende ein Sichtfenster eingebaut, damit man erkennen kann, welcher Soldat im Sarg liegt – denn darin wird das Namensschild am Leichensack gut sichtbar.

Ich kniete also auf dem Sarg und wusste Reinhards Gesicht unter mir. Zwei Kameraden fingen an, die Enden zuzuschweißen, während ich den Deckel zudrückte – bis ich ein gleißendes Blitzlicht hinter mir wahrnahm.

»Was soll das?«, rief ich und fuhr herum.

»Ist doch nur ein Foto«, sagte mein Kamerad.

Ich stammelte: »Lass das gefälligst.« Zu gern hätte ich ihm eine reingehauen.

Da wir unsere beiden toten Kameraden nicht im ohnehin schon überfüllten Kühlcontainer der Intensivstation unterbringen konnten, räumten wir alle Getränke aus dem Kühllager des Betreuungszeltes, um Platz für sie zu schaffen.

Dem Kühlcontainer hängten wir eine Deutschlandflagge um, dann bezogen Kameraden, die die Totenwache hielten, ihre Posten. Gott sei Dank ging dieser Kelch an mir vorüber – als Frau konnte ich keinem Wachdienst zugeteilt werden.

Der nächste Tag war der Tag von Reinhards Rückkehr nach Deutschland.

Ein Hubschrauber, ein CH53, war gelandet, der Trompeter begann gerade »Ich hatte einen Kameraden« zu spielen, und wir postierten uns links und rechts vom Container. Soldaten trugen die Särge aus dem Kühlhaus. Unsere Aufgabe bestand darin, zu salutieren, sobald der Sarg auf unserer Höhe war. Aber ich funktionierte nicht mehr:

Stillgestanden – was war das noch?

Salutieren – wie ging das?

Ich tat es den anderen nach, doch war mir das Salutieren nie zuvor schwerer gefallen.

Gedanken über Gedanken bedrängten mich. Und Fragen über Fragen.

Was wird Reinhards Frau ihrem Sohn später einmal erzählen? Dein Vater ist gestorben, weil er helfen wollte, Brunnen zu bauen?

Am Abend saß ich mit den Kameraden an einem Tisch und fragte weiter: Hatte jemand die Musik absichtlich voll aufgedreht? Um uns abzulenken? Weil wir ja im Grunde wussten, dass wir emotional tot waren?

An jenem Abend verloren wir uns im Alkoholrausch, wobei jeder von uns vermied, von den Särgen zu reden. Wir alle waren unwiederbringlich verletzt – an der Seele.

Ich trank sicher fünfzehn Dosen Bier, gemeinsam mit den Menschen, die Reinhard eingesargt, gewaschen und aufgebahrt hatten. Der Rausch hatte ein Gutes: Mein Verstand setzte aus.

»Die Bundeswehr besteht doch darauf, dass wir Sport treiben, sportlich sind wie Reinhard«, witzelte einer meiner Kameraden – derjenige, der versucht hatte, Reinhards starren Körper in den Sarg zu bringen. »Und dann stellt man keine Zinnsärge bereit, in die ein Mann mit einem breiten Kreuz hineinpasst.«

An diesem Abend wünschte ich mir, dass es mich getroffen hätte. Ich war kinderlos, hatte keine eigene Familie, und die, die ich zurückgelassen hätte, würden meinen Verlust sicher überstehen.

Ein Kind jedoch, ein Junge wie Reinhards Sohn, würde so viele Fragen haben, es bräuchte eine Mutter *und* einen Vater.

✳ ✳ ✳

Tags darauf fuhr ich mit dickem Kopf gemeinsam mit zwei Kameraden nach Priština. Wir waren ins Camp der Holländer unterwegs, um taktische Pläne oder Ähnliches abzuholen, keiner wusste es ganz genau, denn wir wurden – wie üblich – nicht eingewiesen. Das holländische Camp lag in Albanien, weshalb wir für mindestens zwei Tage und eine Nacht unserem gottverlassenen Landstrich entfliehen konnten. Die Fahrt dauerte mehrere Stunden und führte uns über steile Hänge, vorbei an unzähligen Schauplätzen menschlichen Elends.

Von diesem »Ausflug« erhoffte ich mir zweierlei: endlich mal das Camp zu verlassen – und: mir bei den Holländern den Bauch vollzuschlagen.

Als wir gegen Abend in Priština eintrafen, warteten die Holländer bereits auf uns und luden uns tatsächlich zu einem opulenten Mahl ein. Ich griff tüchtig zu, aß so viel, dass ich zu zerplatzen drohte. Dennoch hätte ich mir am liebsten die Reste einpacken lassen.

Nachts lief ich auf der Suche nach einer Schlafgelegenheit durch das riesige Camp. Es war empfindlich kalt, Mitte Oktober bereits.

Da ich die Frauenunterkunft nicht auf Anhieb fand und von der beschwerlichen Fahrt müde war, schritt ich schnurstracks auf das nächstbeste Zelt zu, wo ich ein freies Feldbett entdeckte.

Als ich eintrat, stieß ich auf einen holländischen Kameraden, der sogleich fragte:

»Möchtest du meinen Schlafsack? Ich leihe ihn dir gerne, denn ich schlafe heute Nacht nicht. Allerdings brauche ich den Schlafsack morgen früh um fünf, denn dann geht meine Maschine. Ich fliege morgen nach Hause.«

»Danke, das ist sehr nett«, sagte ich. »Du rettest mich vor dem Erfrierungstod.«

Ich genoss die Wärme des Schlafsacks, während der Holländer mit einer Horde Kameraden im Betreuungszelt verschwand, wo sie geräuschvoll dem Bier zusagten. Für mich bildeten die Feiernden eine schöne Geräuschkulisse. Ich schlief sofort ein.

Als ich kurz nach dem Aufwachen auf die Uhr schaute, war es bereits nach sechs. Verzweifelt suchte ich nach dem Besitzer des

Schlafsacks, doch ich fand bloß den Spieß dieser Kompanie, der freundlich lächelnd sagte: »Klaas schenkt dir den Schlafsack. Wir alle wissen, wie kalt die Winter im Kosovo sein können.«

Als ich mit meiner Beute, dem Schlafsack, in unser Camp zurückkehrte, begleiteten mich lauter neidische Blicke meiner Kameraden. Während ich es warm hatte, waren sie weiterhin gezwungen, bei Eiseskälte in ihren minderwertigen, für diese Temperaturen ungeeigneten Schlafsäcken die Nächte zu verbringen. Wenn wir uns dann alle morgens, bei knapp zwei Grad über null, beim Waschen am Trog zum Zähneputzen trafen, wurde es mir so manches Mal ein wenig unangenehm zumute.

Es war bitter, dass ein Land, das seine Truppen zu Einsätzen in solche Breitengrade schickt, sie nicht ausreichend auszustatten vermag. Sehnsüchtig dachte ich an das opulente Abendessen im holländischen Camp zurück – woran konnte es liegen, dass es solche immensen Unterschiede bei der Truppenbetreuung gab?

Ich brauchte eine Weile, bis ich auf eine mögliche Antwort kam: Nationen wie England, die USA und wahrscheinlich auch die Niederlande hatten wesentlich mehr Erfahrung mit Kriegseinsätzen. Der Kosovo war lediglich ein Brennpunkt unter vielen, an denen man eingriff. Soldaten dieser Nationen waren geschult, erfahren, ihre Infrastruktur war nahezu optimal. Auf alle Fälle viel besser als bei uns. Dass ich mit dieser Einschätzung richtig lag, sollte ich nur wenig später erfahren.

Nach einem fröhlichen »Herein« betrat ich mürrisch das Büro der Abteilung G2. Wie schon so oft rechnete ich mit einem Einsatz, über den ich vorab nichts Näheres erfahren durfte, was meist nichts Gutes verhieß.

Mein Vorgesetzter grinste und sagte: »Heute haben wir etwas ganz Besonderes mit dir vor. Lass dich überraschen!«

»Ich habe aber keine Lust, mich überraschen zu lassen«, blaffte ich ihn an. »Ich hab Hunger, bin müde und friere.«

Er zwinkerte mir aufmunternd zu und sagte:»Engelchen, ich verspreche dir, es wird dir gefallen!« Ich stieg mit ihm in den bereits wartenden Wagen, schloss die Augen und stellte mich schlafend.

Als ich die Augen wieder öffnete, staunte ich nicht schlecht: Wir hielten vor dem gewaltigen Tor von Camp Bondsteel, dem Lager der Amerikaner.

Nachdem die bis an die Zähne bewaffneten Sicherheitsposten unsere Ausweise, den Wagen und auch uns selbst gründlich kontrolliert hatten, öffneten die breitschultrigen GIs das Tor, und wir durften in das mit Kameras gesicherte Camp hinein.

Bereits nach wenigen Metern hörte ich Engelsfanfaren, denn vor meiner Nase prangte ein Wegweiser mit der Aufschrift »Kentucky Fried Chicken«. Als ich kurz darauf noch einen Burger King entdeckte, war es um mich geschehen. Mit offenem Mund starrte ich auf die riesigen Betreuungszelte, aus denen Musik drang, und auf die vielen Kühltruhen, aus denen sich die Soldaten jederzeit mit Essenspaketen und Getränken eindecken konnten – umsonst, versteht sich.

Der amerikanische Presseoffizier des Camps lud uns in eines der Riesenzelte zum Mittagessen ein. Aus welchem Grund wir im Camp waren, sollte ich nie erfahren. Einen Verdacht hatte ich allerdings: Wollten mir meine Kameraden eine Freude machen, indem sie mich zu einem ihrer Termine mitnahmen?

Es fiel mir schwer, mich an der Essensausgabe zurückzuhalten, mich nicht vorzudrängeln. Mein Hunger befahl mir nämlich: »Lauf, Dani! Sicher dir das Essen!« Und mein Verstand bestätigte:»Tu es! So eine Gelegenheit kommt nie wieder!«

Seit Tagen hatte ich nicht richtig gegessen, hatte ein Loch im Magen, dass es schmerzte. Übermenschliche Willenskraft war vonnöten, um den Hunger zu bändigen und professionelles Interesse an den Worten des amerikanischen Offiziers vorzutäuschen, der vor dem Essen eine kurze Rede hielt. Von meiner lärmenden Umgebung bekam ich so gut wie nichts mit, ich war voll und ganz auf das Essen fixiert.

An der Theke, bei der Essensausgabe, konnte ich mein Glück kaum fassen. Auf mich warteten, zum Greifen nahe: ein Salatbuffet, zahlreiche Suppen, kalte und warme Antipasti, eine Auswahl von sechs verschiedenen Hauptmenüs, ein Dessertbuffet von monströsen Ausmaßen und dazwischen die unterschiedlichsten Getränke.

Es muss meinem vorgesetzten Offizier ein wenig peinlich gewesen sein, dass ich insgesamt viermal am Buffet erschien und jedes Mal mit einem bis an die Grenzen seiner Belastbarkeit beladenen Teller zurückkam.

Mein Magen war irritiert von der Flut guten Essens, mit dem er zweifellos nicht gerechnet hatte, und funkte wohl ununterbrochen ans Großhirn, ob diese Flut denn okay sei.

Der knappe Befehl des Großhirns lautete: »Klappe halten – weiteressen!«

*Es dürfen
nicht die Rückschläge sein,
die dich bremsen,
sondern die guten Tage,
die dich vorantreiben!*
Sandy Leddin

10.

Der Kosovo war mir fremd. Ich war an westlichen Lebensstandard gewöhnt, den ich auch schätzte. Die Einstellung der Menschen hier etwa zur Hygiene, auch wenn sie sicher von den Kriegszuständen bestimmt war, machte mich oft fassungslos.

Es war Herbst, als ich den Auftrag erhielt, zusammen mit zwei Kameraden nach einem englischen Soldaten zu suchen, dessen letzter Aufenthaltsort das Krankenhaus in Priština war. Es war mittlerweile allseits bekannt, dass die Deutschen Sprachmittler einsetzten, weshalb uns nicht nur europäische Mitglieder der NATO mit Aufträgen versahen. Hochrangige Offiziere amerikanischer Streitkräfte baten uns, ebenso wie die Engländer oder die Russen, dann und wann um Mithilfe, was die für mich zuständige Abteilung G2 auch stets genehmigte.

Diesmal lautete die Einsatzmeldung lapidar: Sucht einen vermissten englischen Kameraden. Letzter bekannter Aufenthaltsort: Priština. Mehr gab man nicht preis.

Wir heizten mit Vollgas los.

Was hatte es wohl mit dem vermissten Soldaten auf sich? Warum war er so wichtig? Wir wussten nicht mal, zu welcher Einheit er gehörte. Die Geheimnistuerei machte mich sauer. Wütend. Zornig. Klar, dachte ich, mich muss man nicht informieren, schließlich bin ich bloß der dumme, kleine Hiwi, der übersetzen, sonst aber die Klappe halten soll.

Allerdings hatte ich genügend Zeit im Rettungsdienst der Bundeswehr verbracht, um zu wissen, dass unsere Einsatzmeldung nichts Gutes bedeuten konnte. Wenn wir in Deutschland im Rettungstransportwagen die Einsatzmeldung »Hilflose Person hinter verschlossener Tür« erhielten, war im Prinzip klar, dass die Chance, diese Person lebend wiederzufinden, eher gering war.

Während also die Landschaft an mir vorbeizog und ich meine Wut zu mildern versuchte, waren wir uns eigentlich sicher, dass es längst zu spät war. Deshalb beeilten wir uns nicht. Wir ließen uns Zeit.

Die Fahrt wollte nicht enden. Schlaglöcher über Schlaglöcher, die Federung des Wolfes: mangelhaft. Und ich hockte da – in meine Bristol eingepfercht, bei sengender Hitze, in einer Wolke aus Staub und Dreck.

Überall nur zerstörte Häuser, verfallene Baracken und desillusionierte Menschen. Angst kam in mir auf – ich hoffte innig, die Verzweiflung dieser Menschen nie am eigenen Leib spüren zu müssen.

Solche Bilder waren es, die meinen Glauben an Frieden und Verständnis im Grundkern erschütterten.

Nach acht Stunden kamen wir an. Die Frau in der Anmeldung des Krankenhauses von Priština, die an einem maroden Schreibtisch auf einem Schemel saß, der unter ihrem beachtlichen Gewicht zusammenzubrechen drohte, roch unangenehm – das war

2010: Daniela Matijević 11 Jahre nach ihrem Einsatz im Kosovo

Mit meinen Kameraden unterwegs in einem kosovarischen Dorf

Meine Kameraden und ich im Gespräch mit Dorfbewohnern

Zerstörte Wohnhäuser – bittere Realität im Kosovo 1999

Minenwarnschilder – der ganz normale Wahnsinn am Wegesrand

Bergung einer Leiche aus einem Massengrab

Teil unseres Camps in Prizren

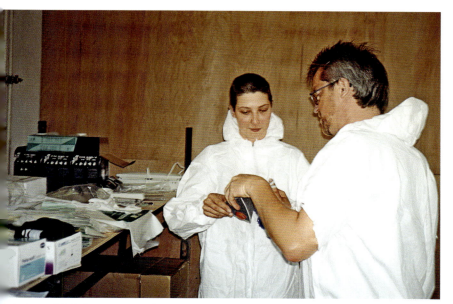

ei einer Obduktion versuchen wir vergeblich, dem Leichengestank Herr zu werden.

n unter vielen

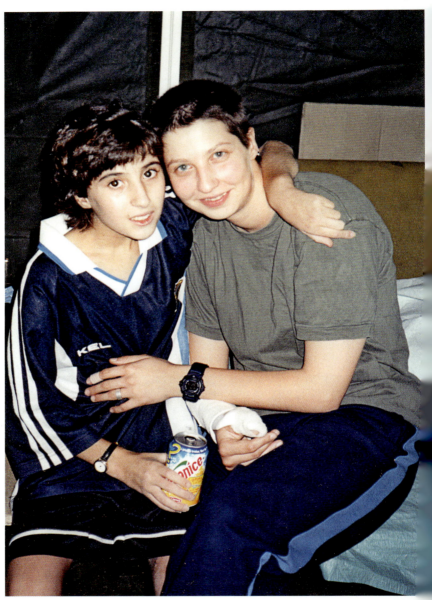
Wochenlang besuchte ich das schwer verletzte Mädchen auf der Intensivstation. Dieses Foto entstand bei unserem Abschied.

...ck auf die Patientenaufnahme des Feldlazaretts in Prizren

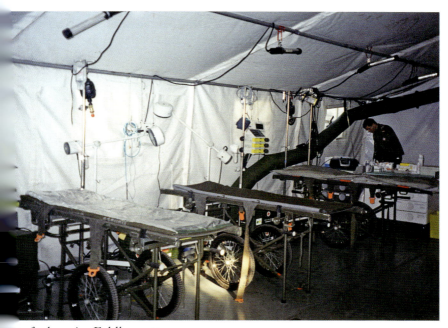

...ufnahme im Feldlazarett

Besuch des damaligen Verteidigungsministers Rudolf Scharping

das Erste, was mir auffiel. Sie ließ uns warten, während sie nach einem »Offiziellen«, wie sie sagte, Ausschau hielt.

Uns ließ sie in einem stickigen Raum zurück, der zugleich Schreibbüro und Wartezimmer für die Notaufnahme zu sein schien. Auf klapprigen Stühlen saßen die Patienten. Wir nickten knapp in die Runde, stellten uns an eine Wand und harrten der Dinge, die da kommen sollten.

Warum die englische Armee einen ihrer Kameraden in einem zivilen Krankenhaus in Priština vermutete, war mir schleierhaft. Da wir keinerlei Anhaltspunkte hatten, wo sich der Soldat genau aufhielt, würden wir wohl in jeder einzelnen Krankenhausabteilung nachfragen müssen.

Die Minuten wurden lang und länger, und ich hatte genug Zeit, die Patienten näher zu betrachten. Uns gegenüber saßen einige hustende Kinder mit vor Fieber glänzenden Augen.

Sowohl die Haltung als auch Gestik der übrigen Wartenden verriet, dass sie hier schon seit Stunden warteten. Sie saßen eng beieinander, umsurrt von Stubenfliegen. Keinen von ihnen schien zu stören, wenn die Fliegen auf seinem Gesicht spazierten. Warum auch? Mich hätte eine Stubenfliege sicher ebenfalls kaum tangiert, wenn mein Leid so offensichtlich ignoriert worden wäre.

Schlimmes Leid auf der einen Seite, resignierte Gleichgültigkeit auf der anderen.

Wir warteten eine gute halbe Stunde auf einen »Offiziellen«, der schließlich in der Gestalt eines glatzköpfigen, kleinen Arztes im Wartezimmer erschien.

Ich begrüßte ihn in unser aller Namen, doch dem Mann, der die Abscheu vor uns kaum verbarg, gelang es nur mühsam, ein »Guten Tag« herauszupressen. Dem Namen nach schien er ein Einheimischer zu sein. Seine Verachtung den deutschen Besatzern gegenüber – als nichts anderes betrachteten uns zahlreiche Albaner – schien grenzenlos. In herablassendem, von Eiseskälte durchdrungenem Tonfall fragte er:»Was kann ich für Sie tun?«

Ich erklärte so freundlich wie möglich:»Wir suchen einen britischen Kameraden, der zuletzt in diesem Krankenhaus gesehen wurde.« Er gab sich desinteressiert:»Und was soll ich da machen?« Ihn schien zu stören, dass er mit einer Frau sprechen musste. Ganz offensichtlich war das unter seiner Würde. »Wir versuchen herauszufinden, ob dieser Mensch noch am Leben ist«, sagte ich.

Mein Gegenüber zeigte sich gelangweilt, bot aber dann doch immerhin an:»Wenn Sie unbedingt wollen, kann ich Sie durch die Klinik führen.«

Da er sich darauf beschränkte, uns die Behandlungsräume im Erdgeschoss zu zeigen, wiederholte ich mein Anliegen.

Er rang mit sich, bevor er hervorstieß:»Folgen Sie mir.«

Seine »Bemühungen« waren komplett fruchtlos. Er führte uns durch kilometerlange Flure und präsentierte uns Krankenzimmer, die an ein Dritte-Welt-Land erinnerten. Wir kamen an lauter kranken, verletzten Menschen mit leeren Gesichtern vorbei.

Zwischendurch fragten wir immer wieder Schwestern, Pfleger und Ärzte nach dem Verbleib des britischen Kameraden, aber keiner schien diesen Mann je gesehen zu haben. Doch mit den Auskünften waren wir nicht zufrieden. Einige der Befragten schmückten ihre Berichte mit allzu dramatischen Gebärden aus, die den Anschein erwecken sollten, dass sie bis eben nicht gewusst hatten, dass es ein Land namens Großbritannien überhaupt gab.

Beinahe schlafwandlerisch schlichen wir hinter dem unfreundlichen Arzt durch die Flure voll Angst und Elend. Meine Kameraden schauten sich in den Zimmern um, begleitet von dem herablassenden Lächeln unseres Führers.

Meine Zweifel am Erfolg dieser Mission waren bereits ins Unermessliche gewachsen, als wir auf unserem Rundgang an einem Raum vorbeikamen, der sofort meine Aufmerksamkeit erregte.

Durch das runde Fenster in der weißen Schwingtür schaute ich hinein. Und blickte in einen OP-Saal, der karg und vorsintflutlich eingerichtet war. Um einen Tisch dort standen eine Schwester und ein Chirurg, beide mit einem Stofffetzen über dem Mund und selbst von weitem erkennbar schmutzigen Kitteln.

Unser Begleiter wies uns an, kurz zu warten. Er selbst spazierte hinein, ohne Mundschutz oder desinfizierende Maßnahmen. Er beugte sich tief über den narkotisierten Patienten und betrachtete das klaffende Loch in dessen Körpermitte. Was genau er da tat, war mir ein Rätsel. Vermutlich wollte er demonstrieren, dass er der Herr über Tod und Leben war.

Es war sehr schwül, und ich sah, wie eine Schweißperle von der Stirn unseres Begleiters in die Wunde des Patienten tropfte. Allen Anwesenden in dem OP-Saal war das gleichgültig. Ich aber fragte mich: Ist denn hier ein Menschenleben gar nichts wert? Ich musste mich abwenden.

An die Wand in dem dunklen Flur gelehnt, dankte ich Gott einmal mehr dafür, dass ich das Glück hatte, in der Zivilisation geboren worden zu sein, weit weg von Mord, Tod und Elend.

Als der Arzt zurückkehrte, verfluchte er seinen hippokratischen Eid, der ihn zwinge, auch Nicht-Moslems zu versorgen. Er sagte: »Ich mag nicht Überstunden schieben, nur weil so ein minderwertiger Serbe einen Arzt braucht.«

Abstand, ich musste Abstand herstellen. Der Hass trat hier zu massiv auf. Man hasste, weil ein anderer Gott verehrt wurde, und vergaß alle Menschlichkeit darüber.

Auch bei uns. Einige meiner Kameraden im Camp – Leute, die

Tisch und Zelt mit mir teilten – waren kaum besser als dieser Arzt hier. Auch sie schienen jenes Volk, zu dessen Schutz sie eingeteilt worden waren, zu verachten.

Ging das? War es möglich, andere Menschen ohne einen triftigen persönlichen Grund derart geringzuschätzen? Wir Soldaten erlebten tagtäglich Schreckliches, das stimmte. Wir bekamen hautnah mit, was der Hass der albanischen Bevölkerung bei den im Kosovo verbliebenen Serben angerichtet hatte. Doch auch die Serben hatten zahlreiche Unschuldige getötet, vergewaltigt und misshandelt. Alles Leid, das wir täglich miterlebten, der Schmerz, die Verzweiflung, die Machtlosigkeit wendeten sich irgendwann zum Hass auf die Albaner, die uns fremd und feindselig gegenüberstanden.

Natürlich will ich bei einem derart sensiblen Thema nicht verallgemeinern. Aber es lässt sich nicht leugnen: Bei meinen Kameraden schien der Verstand ausgesetzt zu haben – sie hatten jeden Respekt vor der einheimischen Bevölkerung verloren ...

Wir waren die Guten, die Einheimischen waren die Bösen. So einfach war das für sie.

Den britischen Kameraden entdeckten wir im Keller, versteckt unter einem Berg Krankenhausmüll.

Er war tot.

Er möge in Frieden ruhen.

Wir nahmen seine Erkennungsmarke an uns, um sie den Briten zu übergeben, und überprüften, wodurch der Mann ums Leben gekommen war. Es erwies sich, dass er getötet worden war. Durch einen Schuss aus nächster Nähe.

Dem Arzt, der den Fund lediglich mit einem Schulterzucken kommentierte, befahlen wir, den toten Soldaten ins Kühlhaus bringen zu lassen – wir konnten den Toten nicht mitnehmen, denn mit einem Leichentransport bei der Hitze hätten wir gegen Seuchengesetze verstoßen.

Bis heute weiß ich nicht, unter welchen Umständen dieser britische Soldat verschwunden war. Doch das spielt letztlich keine Rolle. Er wird Freunde gehabt haben, eine Familie, Angehörige, die um ihn trauern. Und zweifellos starb er für eine Sache, die ihm fremd sein musste.

Auf der Rückfahrt ins Camp sagte keiner von uns auch nur einen Satz. Uns fehlten mal wieder die Worte.

Nachkrieg

Nichts ist mehr, wie es mal war.
Das Gestern ist egal.
Das Heute ist surreal.
Das Morgen macht Angst.

11.

Es war ein kalter Mittwochabend – der 3. November 1999, 18.00 Uhr Ortszeit genaugenommen –, als unsere Maschine in Köln-Wahn landete. Nach achtundachtzig Tagen und vier Stunden war ich zurück in der Heimat. Fast drei Monate hatte mein Krieg gedauert. Und er sollte erst beginnen.

Als ich in den Kosovo flog, war überhaupt nicht klar, wie lange ich dort bleiben würde – es hieß damals nur, bis zu sechs Monate seien drin.

Doch eines Tages, ich war gerade auf dem Weg in die Kommandozentrale, um meinen Tagesbefehl zu erfragen, sah ich vor der Tür des Spießes einen Zettel hängen. Darauf standen die Namen der Soldaten, deren Einsatz beendet war, zusammen mit dem Datum ihres Rückflugs. Neugierig studierte ich die Einträge auf der Liste, und als ich neben Johannas Namen auch »Matijević, Daniela – 03.11.1999« las, machte ich vor Freude einen Luftsprung.

137

Während der Zeit bis zum Abflug tat ich Dienst nach Vorschrift, und am Morgen des 3. November räumte ich mein selbst gezimmertes Regal komplett aus und packte meine Siebensachen zusammen. Zwar wechselte ich mit einigen Kameradinnen ein paar Worte, doch weder verabschiedeten wir uns groß voneinander noch veranstalteten wir am Vorabend der Abreise eine Party. Wir alle waren zu sehr mit uns selbst beschäftigt, wollten nur noch weg von hier. Als ich gehört hatte, dass ich in Prizren eingesetzt werden sollte, wusste ich, dass dort die Auseinandersetzungen am heftigsten tobten, hatte also mit dem Schlimmsten gerechnet. Mit dem Schlimmsten – aber mit der Hölle, die mich schließlich hier erwartete, damit hatte ich nicht gerechnet.

Beim Landeanflug brauste das Adrenalin in mir auf, während mir meine Fantasie ununterbrochen die sentimentalsten Wiedersehensszenen seit *Vom Winde verweht* vorspielte. Ich spähte durchs Fenster in die Dunkelheit unter mir. Die Lichter auf der Erde wirkten wie eine Einladung, endlich wieder am friedlichen Leben teilzuhaben.

Als die Maschine mit einem Ruck auf dem Rollfeld aufsetzte, hielt ich für einen Moment den Atem an. Beide Hände krallte ich in die Armlehnen des Sitzes. Mein Herz klopfte, als wollte es gleich zerspringen. Nicht aus Angst oder weil ich nervös war. Nein, es war pures Glück, das in mir tobte.

Während alle Passagiere zum Ausstieg drängten, blieb ich noch eine ganze Weile auf meinem Platz sitzen und versuchte das Gefühlschaos in mir zu sortieren.

»Bist du festgewachsen?«, fragte Johanna . Sie war total aufgeregt, wahrscheinlich wäre sie am liebsten aus dem Flugzeugfenster geklettert. »Du willst doch wohl nicht wieder zurück?«

»Nein!«, rief ich aus und sprang auf.

Dennoch hielt ich mich weiter im Hintergrund. Zu sehen, wie die Kameraden des Verbandes Breitenburg ihre heimkehrenden

Soldaten empfingen, war spannend und anrührend zugleich. Sie taten es mit Blasmusik. Auf dem Flughafenparkplatz stimmten sie, eher besessen als ambitioniert, ein Lied nach dem anderen an, während die übermüdeten Jungs ihnen zitternd vor Kälte und vielleicht auch vor Rührung zuhörten.

Normalerweise hätte ich bei dieser Art von Musik sofort die Flucht ergriffen, doch an jenem segensreichen Tag stand ich mit einem grenzdebilen Grinsen da und lauschte verzückt den urwüchsigen Klängen.

Lange nachdem die Musik verklungen war und meine Kameradinnen und Kameraden ihre Eltern, Frauen, Männer und Kinder unter großem Hallo begrüßt hatten, blieb ich auf dem Parkplatz stehen. Eben noch voller Autos und Menschen, war die riesige Fläche mit einem Mal vollkommen verwaist. Eine beinahe beklemmende Stille herrschte nun.

Als ich aber den Blick über die leeren Parkbuchten schweifen ließ, entdeckte ich Björn, einen der Ärzte aus unserem Feldlazarett, der sich mit traurigem Gesicht im hintersten Winkel des Parkplatzes verkrochen hatte.

Ich ging zu ihm und fragte: »Meinst du, die haben uns vergessen?«

Er grinste verlegen. Dann sagte er: »Das will ich nicht hoffen. Vermutlich Stau.« Er schlug seinen Jackenkragen hoch.

»Wie ich meinen Schwager kenne, haben sich meine Leute bestimmt verfahren.« Schon stellte ich mir vor, wie mein Schwager mit meiner Mutter heftig diskutierend durch Köln irrte – auf der Suche nach dem Flughafen.

Mein Schwager Josef ist ein wundervoller, sympathischer Mann, aber er verfügt leider über den Orientierungssinn einer Tontaube.

Wir standen noch eine ganze Weile stumm nebeneinander, bis ich – ja, bis ich einen Wagen auf den Parkplatz einbiegen sah.

Es war ein Mercedes-Kombi. Mit Osnabrücker Kennzeichen. Kein Irrtum möglich – es war der Wagen meines Schwagers. Eilig verabschiedete ich mich von Björn und rannte los.

Dann: Jubel, Fanfaren, Geschrei! Erst fiel ich meiner Mutter, dann meinem Schwager um den Hals. Wir redeten durcheinander, jeder wollte zuerst erzählen. Wie vermutet hatte sich mein Schwager total verfahren, doch das war mir im Moment vollkommen egal. Hauptsache, sie waren da. Sie hatten mich nicht vergessen. Und freuten sich riesig. Und sie holten mich in mein früheres Leben zurück. Und alles, alles würde gut werden. Während mein Schwager meinen Rucksack und das Handgepäck im Kombi verstaute, musterte ich meine Mutter. Sie schien mir gealtert. Ihre Wangen waren eingefallen, sie hielt sich ein wenig gebückt, auch wenn in ihren Augen ein Sternenfeuer strahlte, das an Intensität und Charisma auf Erden seinesgleichen sucht. Ihr stand das Glück ins Gesicht geschrieben, als sie mich zum wiederholten Mal in den Arm nahm und fest an sich drückte.

»Sine – mein Kind«, flüsterte sie und streichelte mir über die Haare.

Es war etwas Besonders. Meine Mutter ist nämlich kein besonders emotionaler Mensch, der in solchen Momenten literweise Tränen vergießt. Doch alleine in der Art und Weise, wie sie »mein Kind« aussprach, zeigte sie, wie sehr unser Wiedersehen sie berührte.

»Danke, Mama«, stammelte ich.

Und wieder hielten wir uns aneinander fest, als sei im Trubel der Gefühle einer des anderen letzte Bastion.

Noch immer sah mich meine Mutter an. Sie lächelte und sagte: »Endlich bist du wieder da. Endlich.«

Es tat gut, diese kleine Frau in den Arm zu nehmen und ihren vertrauten Geruch einzuatmen, in mein Herz aufzunehmen.

Nach einer Weile trat mein Schwager neben uns und fragte: »Wo soll's denn hingehen, Ela?«

Ich rief nur: »Zu McDonald's. Ich habe einen Riesenhunger!«

Wir stürmten ins McDonald's, und ich bestellte, als gäbe es kein Morgen.

Ein vollbeladenes Tablett in den Händen, drehte ich mich um – und hätte vor Lachen beinahe alles fallen lassen: Überall sah ich die vertrauten Gesichter meiner Kameraden, die vor weniger als einer Stunde in der Heimat angekommen waren – jeder von ihnen mit einem Berg von Burgern vor sich. Gemeinsam mit ihren Angehörigen aßen sie und schwatzten und lachten.

Unser Hunger nach einem Stück Fleisch war groß, mindestens so groß wie die Sehnsucht nach einem Gespräch mit Menschen in Zivil, mit Menschen, denen wir vertrauten. Es war auch ein Hunger nach Normalität. Als ich die beiden Ärzte Tim und Johanna entdeckte, winkte ich ihnen kurz zu. Während des Fluges hatten wir nebeneinandergesessen, allerdings kaum ein Wort miteinander gesprochen. Uns allen war bewusst, dass die Zeit, die wir im Kosovo miteinander verbracht hatten, unwiederbringlich hinter uns lag. Natürlich standen wir uns im Einsatz sehr nahe, aber mit unserer Rückkehr war klar, dass sich unsere Wege trennen mussten. Damit endete auch das, was eine Zeit lang überlebenswichtig gewesen war: die Kameradschaft, die zwischendurch einer Freundschaft nahegekommen war. Wir wussten, dass wir das kameradschaftliche Gefühl nicht über den Krieg hinaus würden retten können. Denn: Wie sagt man jemandem Lebewohl, mit dem man Leichenteile eingesammelt hat?

Es fiel kein Wort des Abschieds zwischen uns, als wir nach und nach aufbrachen. Wir sahen uns an, nickten uns zu und gingen aus dem Raum, aus der Tür, aus dem Leben der anderen. Jeder von uns sollte, wollte, musste von nun an wieder sein eigenes Leben führen.

Auf der Fahrt von Köln nach Osnabrück wurde ich nicht müde, mir die Städte, die im Dunkel an mir vorbeizogen, ganz genau anzuschauen. Viel erkannte ich nicht, dennoch faszinierte es mich, wie ruhig Stadt und Land dalagen. Eine prächtige Kirche sah ich im Laufe der Fahrt auch – dieses Gotteshaus war ungefährdet, drohte nicht von Aufständischen vernichtet zu werden. All meine Gedanken waren noch immer geprägt von den Ereignissen im Kosovo. Fast verwundert registrierte ich, dass es weder Einschusslöcher in den Häuserwänden noch irgendwo Grenzposten oder Bewaffnete gab. War ich tatsächlich im Frieden angekommen?

Während der Fahrt redeten wir nicht viel, und wenn doch ab und zu jemand etwas sagte, dann waren es Banalitäten. Als der Kombi das Ortsschild von Osnabrück passierte, war mir übel vor Aufregung. Wie wird es sein, wieder in meinem eigenen Bett zu schlafen? Wie wird es sein, zivile Klamotten zu tragen? Wie wird es sein, so lange zu duschen, wie ich mag?

Ich hatte meine Freundin gebeten, in meiner Wohnung auf mich zu warten. Meine Rückkehr in dieses Leben sollte langsam geschehen, in aller Ruhe.

Mein Schwager und meine Mutter setzten mich vor meiner Wohnung ab.

»Bis morgen dann, wir sehen uns zum Frühstück«, sagte ich und suchte nach meinem Wohnungsschlüssel.

Zärtlichkeit, aber auch die Sorge der vergangenen Monate sprachen meiner Mutter aus der Seele, als sie zum Abschied sagte: »Gute Nacht, mein Schatz! Genieß die erste Nacht zu Hause. Denk daran, dass alles Schlimme jetzt ein Ende hat.«

»Danke, Mama. Ich hoffe wirklich, dass es so ist.«

Wie falsch ich damit lag!

Als Josef das Gepäck aus dem Auto holte und vor mir abstellte, sagte er: »Nacht, Ela. Endlich mal nicht mehr im Zelt schlafen, wie?«, und zwinkerte mir zu. Auch wenn mein Schwager oft cool tat, war ihm doch anzumerken, wie sehr er sich darüber freute, mich gesund in der Zivilisation ankommen zu sehen.

Der Kombi verschwand in der Nacht.

Ich schaute hoch in den ersten Stock und atmete die kalte Abendluft tief ein. Dann schulterte ich den Rucksack und schloss die Haustür auf, die kein einziges Einschussloch aufwies. Ohne Eile stieg ich hoch, genoss jede einzelne Treppenstufe. In meiner Wohnung – vollkommene Stille.

Ich sah mich um: achtundfünfzig Quadratmeter – so viel Platz. Vorsichtig öffnete ich die Tür zum Wohnzimmer. Ein Licht brannte. Ich trat ans Sofa, auf dem meine Freundin eingeschlafen war, während sie auf mich gewartet hatte. Der Fernseher lief leise, auf dem Tisch stand ein Glas Wein. Sie lag seelenruhig da, eingewickelt in eine Decke. Ich beugte mich über sie, betrachtete sie, nahm diesen friedlichen Moment in mich auf. Dann legte ich ihr vorsichtig eine Hand auf den Rücken, um sie zu wecken.

Sie schlug die Augen auf, sprang auf die Füße, fiel mir um den Hals und begann mein Gesicht mit unzähligen Küssen zu bedecken.

Ich lachte.

Ich bin ein Phänomen, denn ich rieche nicht, nicht unangenehm zumindest. Selbst wenn ich schwitze und tagelang nicht geduscht habe, rieche ich nicht schlimm. So passierte es lediglich ein einziges Mal, dass ich die folgenden Worte hören musste – nämlich jetzt:

»Schatz, du stinkst«, sagte meine Freundin freundlich, aber bestimmt.

✳ ✳ ✳

Ich duschte eineinhalb Stunden lang. Mitten in der Nacht und in totaler Dunkelheit. Der Mond stand hell am Himmel, als ich schrumpelig wie eine Rosine aus der Duschkabine trat und einen Blick aus dem Fenster warf. Alles friedlich. Ich trocknete mich langsam ab, genoss die Stille.

Im frisch bezogenen Bett nahm ich meine Freundin fest in den Arm. Während sie neben mir schlief, starrte ich, kaputt von Flug und Fahrt, an die Decke und wartete darauf, dass mich der Schlaf übermannte.

Doch der Schlaf kam nicht.

Sobald ich die Augen schloss, war ich erneut im Kosovo, wo es tobte. Ruhe – das war ein Zustand, an den ich mich nicht mehr erinnern konnte. Den ich nicht mehr herzustellen wusste.

In dieser Nacht stellte sich zum ersten Mal ein Zustand ein, der sich nie wieder abmildern, geschweige denn gänzlich verschwinden sollte: Rastlosigkeit ...

Ich schlief kein bisschen. Gerädert stand ich am nächsten Morgen vor dem Kleiderschrank, auf der Suche nach zivilen Klamotten.

»Na, kannst du dich nicht entscheiden?«, fragte meine Freundin belustigt.

»Du kannst dir gar nicht vorstellen, was für eine Auswahl so ein Kleiderschrank bietet, wenn du drei Monate lang beinahe ausschließlich Uniform getragen hast«, antwortete ich.

Ich hätte alles anziehen können. Tanktop mit kurzer Hose? Kein Problem. Latzhose mit Ringelshirt? Gerne! Badeanzug mit Schwimmflossen? Wunderbar! Daniel-Poole-Shirt mit Vintage-Jeans? Ja, das war der Look des Tages.

Auf dem Weg zum Frühstück mit meiner Familie genoss ich den vor sich hin plätschernden Verkehr. Nicht einmal der BMW-Fahrer, der ohne zu blinken die Spur wechselte und mich dabei hart schnitt, konnte mich an diesem Morgen aufregen.

Fünf Minuten vor der vereinbarten Zeit kamen wir am Haus meiner Schwester und meines Schwagers an. Ich blieb noch einen Moment sitzen und genoss die vertraute Umgebung.

Als meine Schwester Danica die Haustür öffnete, fiel mein Blick auf die Treppe zum ersten Stock, die Danica gemeinsam mit meiner Nichte Viktoria liebevoll dekoriert hatte. Auf einem großen Pappschild über der Treppe stand in mädchenhafter Schrift: »Herzlich willkommen!«

Danica ist, ganz wie meine Mutter, kein Mensch, der emotional überschäumt, doch sie zeigt einem auf dezente Weise ihre bedingungslose Liebe – ohne viele Worte oder Tamtam.

Wir fielen uns in die Arme.

Viktoria rannte herbei und sprang überschwänglich auf mich zu. Sie wies mir auch einen Platz am Frühstückstisch zu, den sie mit einem eigens für mich besorgten Essensset, mit einer Karte und mit Luftschlangen geschmückt hatte.

Meine Nichte strahlte. Ich auch.

Meine Schwester verschwand kurz im Schlafzimmer, um Sekunden darauf mit einem verschlafenen, missmutig dreinblickenden Bündel auf dem Arm zurückzukommen – meinem Neffen Nikolas Josef, der an jenem Tag zur Welt gekommen war, an dem ich im Kosovo ankam.

Vorsichtig nahm ich das Bündel an mich und sah in Nikolas' kleines Antlitz. So zärtlich wie möglich streichelte ich ihm über den Kopf und wollte ihm gerade einen Kuss auf die Stirn drücken, als er mit einem leidenschaftlichen Schrei in der Lautstärke eines startenden Jumbojets seinen Unmut kundtat.

Ich war wie vom Donner gerührt, und meine Freundin fing lauthals zu lachen an. Okay, er wollte offenbar mal kurz klären, wer hier die Spielregeln bestimmte: Nur weil seine Tante aus dem Krieg zurückgekehrt war, war das noch lange kein Grund für ihn, gute Miene zu machen.

»Mach dir nichts draus, Sine«, sagte meine Mutter und nahm mir den schreienden Jungen ab. »Mir geht es mit ihm manchmal nicht anders.«

Beim Frühstück redeten wir über alles Mögliche, vor allem darüber, was sich während meiner Abwesenheit in Deutschland ereignet hatte. Meinen Einsatz und das, was ich im Kosovo erlebt hatte, sparten wir dagegen ganz aus. Ich war den anderen dankbar, dass sie nicht weiter nachfragten, denn ich wäre nicht imstande gewesen, vom Krieg zu erzählen.

Ich hatte meine Familie wirklich sehr vermisst – meine zuckersüße Nichte, meine Schwester, meine liebe Mutter, meinen Schwager, sogar meinen kleinen Neffen. Einen Moment wie diesen, am Frühstückstisch, hatte ich immer wieder herbeigesehnt. Doch nun saß ich mitten unter meinen Lieben, hatte sie alle wieder um mich – und fühlte mich total verloren.

Fehl am Platz. Als ob ich nicht dazugehörte.

Beim Anblick all der Leckereien, die da vor mir standen, quälte mich permanent mein schlechtes Gewissen. Zu genau wusste ich, dass meine Kameraden im Einsatz nach wie vor hungrig ins Bett gehen mussten. Gleichzeitig konnte ich gar nicht mehr aufhören zu essen. Endlich konnte ich ja essen, was und wie viel ich wollte – reiner Luxus war das.

Wir saßen lange zusammen, plauderten, lachten und merkten gar nicht, wie die Zeit verging. Es war bereits früher Nachmittag, als ich mich verabschiedete und alleine in meine Wohnung zurückfuhr.

Ein Blick in den Kühlschrank: leer – ich musste einkaufen. Mehr als eine Stunde lang zog ich staunend durch die Gänge eines großen Supermarkts und packte den Einkaufswagen immer voller und voller.

Abends traf ich mich mit meiner ältesten Freundin Sonja. Sie kannte ich, seit ich elf Jahre alt war. Sonja saß an einem Holztisch in der Kneipe, in der wir uns verabredet hatten. Bei meinem Anblick sprang sie wie von der Tarantel gestochen auf. Wieder Umarmungen, die nicht enden wollten, nicht enden konnten. Wir hatten uns wieder. Nichts anderes zählte mehr. Wir unterhielten uns, das heißt: Sonja erzählte, was sich in den letzten Wochen in unserem Freundeskreis so alles getan hatte. Ich aber hielt mich bedeckt. Wieder spürte ich, dass ich über das, was im Kosovo geschehen war, nicht reden wollte – oder vielmehr nicht reden konnte.

Später, auf dem Heimweg, war ich erstaunt, wie glücklich die Menschen in Deutschland aussahen – kein einziges hartes Gesicht, das blanken Hass ausstrahlte. Keine Angst um das eigene Leben. An diese Ruhe, an den Frieden, musste ich mich erst wieder gewöhnen.

Wenn es denn möglich war …

*Die Summe der Liebe in deinem Leben
ist das Ergebnis aus den Berührungen,
die du empfangen hast –
abzüglich der Küsse,
die du gerne vergeben hättest,
und multipliziert mit den Wünschen,
die du an das Leben hast.*

12.

Am nächsten Tag setzte ich mich ins Auto und fuhr die knapp sechzig Kilometer nach Diepholz. Bis zum Ende der vier Jahre, für die ich mich verpflichtet hatte, waren es noch gut sieben Monate, und für diese Zeit sollte ich in meine Stammeinheit zurückkehren.

Allerdings tauchte ich in Diepholz in Zivil auf. Mein Spieß war überrascht.

»Was ist los, Frau Matijević?«, fragte er, nachdem er mir die Hand gegeben und mir einen Stuhl zugeschoben hatte.

Ich beschloss, ehrlich zu antworten. »Es war mir leider unmöglich, die Uniform anzuziehen«, sagte ich und setzte mich.

»Wie darf ich das verstehen?«, fragte er und wirkte ernsthaft besorgt.

Es war nicht so, dass ich mich am Morgen etwa nicht nach Vorschrift einzukleiden versucht hätte, doch als ich im Bad nach dem khakifarbenen T-Shirt griff, das jeder Soldat unter dem Flecktarnanzug trägt, schlug mir plötzlich mit einer solchen

Wucht der Geruch nach Tod und Verwesung entgegen, dass ich Mühe hatte, mich auf den Beinen zu halten. Obwohl die Sachen frisch gewaschen waren und nach Weichspüler dufteten, war dieser Geruch dermaßen präsent, dass ich zu taumeln begann. Ich war nicht einmal mehr in der Lage, den Stoff anzufassen, ohne mich verseucht zu fühlen.

Nachdem ich meinem Spieß geschildert hatte, was ich beim Ankleiden empfand, holte ich aus, um ihm zumindest in groben Zügen zu berichten, was ich alles gesehen, erlebt und überlebt hatte. Zum ersten Mal seit meiner Rückkehr redete ich über das Erlebte. Der Damm schien gebrochen. Die Worte flossen nur so aus mir heraus, ich kam mit dem Luftholen kaum mehr nach.

»Das ist ja schrecklich!«, murmelte der Spieß immer wieder. Wir tranken Kaffee um Kaffee, und der Spieß hörte zu und seufzte. Schließlich sagte ich:»Ich schätze, dass ich nie mehr in der Lage sein werde, eine Uniform zu tragen.«

Daraufhin meinte er:»Ich habe ja den Krieg nie selbst erlebt. Vielleicht sollten Sie sich mit jemandem unterhalten, der Ihnen weiterhelfen kann. Oder Sie zumindest besser versteht.«

»Ich bin für jede Hilfe dankbar«, sagte ich.

✳ ✳ ✳

Anderntags saß ich mit zehn Kameraden in einem Bus, der mich ins Bundeswehrkrankenhaus nach Hamm fuhr. Mein Spieß war ein Mann der Tat. Er hatte nicht lange gefackelt, sondern mir umgehend einen Termin bei einem Spezialisten besorgt. Bei dem galt es zu beweisen, dass es mir nach dem Einsatz erheblich schlechter ging als vorher. Dass mein Leben vollends zu entgleisen drohte. Dass ich in meinem Zustand nur bedingt lebenstauglich war.

Auf der Fahrt ins Krankenhaus wäre ich beinahe eingeschlafen, denn in der Nacht hatte ich erneut kein Auge zugetan. Ich hörte eine Platte von Curse, der so plastisch über Krieg rappen kann, ohne ihn je am eigenen Leib erfahren zu haben. Curse schien der einzige Mensch zu sein, der meine Schmerzen ahnte, der meine Sprache sprach. Von ihm fühlte ich mich verstanden.

Während ich den Kopf an die Scheibe lehnte, rappte Curse in mein Ohr:

Nichts wird mehr so sein, wie es war,
niemand wird so bleiben, wie er war.
Vielleicht sehen wir vieles jetzt klar –
vielleicht nicht,
aber nichts wird mehr so sein, wie es war.

In Hamm angekommen, meldeten wir uns als Erstes bei einem furchtbar schlecht gelaunten, unmotivierten Soldaten. Missmutig blickte er von seiner Zeitung auf und bedeutete mir mit einem Nicken, ich solle mein Anliegen vortragen.

»Hallo, Daniela Matijević mein Name«, sagte ich freundlich. »Der Spieß meiner Einheit hat mich hergeschickt. Ich soll mich mit einem Psychologen unterhalten.«

»Aha«, erwiderte er nur und sah widerwillig in einer Liste nach. Hatte er mich in eine Schublade gesteckt, eine Schublade mit der Aufschrift »Psycho«?

Wort für Wort erklärte er mir das Prozedere, das nun anstand. Mir war nicht ganz klar, ob er mich für geisteskrank oder zurückgeblieben hielt, jedenfalls redete er mit mir wie mit einer Dreijährigen.

»Ich bin Kriegsheimkehrerin und keine Schlaganfallpatientin«, sagte ich, während der Zorn in mir hochstieg. »Sie können mit mir ruhig wie mit einem zivilisierten Menschen sprechen.«

Pikiert klatschte er einen Fragebogen auf den Tisch. »Sie müssen erst das hier ausfüllen«, sagte er und widmete sich wieder seiner Zeitung.

Nachdem die Formalitäten erledigt waren, teilte er mir mit, dass ich mich in der FU 6 einzufinden hätte.

Ich irrte durch die modrigen, ungelüfteten Gänge, die nach zerstörten Hoffnungen rochen und aussahen, als hätten sie eben erst den Zweiten Weltkrieg überstanden. Aus den Zimmern, die von den Fluren abgingen, drang entweder leise Musik oder das Geräusch eingeschalteter Fernseher. Alles schien trist, unsagbar lieblos und trostlos.

Ich dachte: Wenn man nicht ohnehin schon depressiv ist, wird man es hier auf jeden Fall.

Nervös lief ich die langen Gänge entlang und fragte mich, ob ich tatsächlich hierhergehörte. Hoffentlich nicht, dachte ich – da stand ich auch schon vor dem Sekretariat der FU 6.

Als ich eintrat, wies der diensthabende Soldat bloß mit einem kurzen Nicken in die Warteecke. Geschlagene eineinhalb Stunden ließ er mich dort ausharren.

Die Situation erschien mir wie eine Kapitulationserklärung, die mein Verstand unterzeichnet hatte. O Gott, dachte ich, bin ich wirklich verrückt, brauche ich wirklich einen Irrenarzt?

»Frau Matijević, bitte«, sagte ein Mann, der seinen Kopf aus der Tür steckte.

Ich war überrascht, dass mir ein Zivilist gegenüberstand, mit gepflegten Händen, in eine angenehm duftende Rasierwasserwolke gehüllt. Wir unterhielten uns eine Stunde lang. Es war ein intensives Gespräch. Der Mann war sehr engagiert und verständnisvoll, ein echter Psychologe.

Es tat gut, über den Kosovo sprechen zu können und zumindest im Ansatz etwas von der Last loszuwerden.

Er stellte mir einige sehr konkrete Fragen.

»Leiden Sie an Muskelverspannungen?«

»Nicht dass ich wüsste«, sagte ich verwundert – worauf wollte er hinaus?

Die nächsten Fragen musste ich alle mit einem Ja beantworten:

»Haben Sie Schlafprobleme?«

»Haben Sie Alpträume vom Einsatz?«

»Haben Sie das Bedürfnis, sich von anderen Menschen zurückzuziehen?«

»Leiden Sie an Stimmungsschwankungen?«

»Machen Sie sich Vorwürfe?«

»Ich erkenne mich nicht wieder«, erklärte ich dem Psychologen. »Ich kann nicht schlafen. Ich werde grundlos aggressiv, esse unkontrolliert und habe rasende Kopfschmerzen. Aber das Schlimmste ist, dass ich mich für alles, was mir dort zugestoßen ist, schuldig fühle.«

Er fragte weiter: »Meinen Sie, dass Sie zu irgendeinem Zeitpunkt etwas an den Zuständen dort hätten ändern können?«

Natürlich nicht.

Mir leuchtete ein, dass ich keine Schuld trug. Und trotzdem …

Der Psychologe schaute mich lange an und resümierte: »Frau Matijević, all das, was Sie im Kosovo erlebt haben, war sehr grausam. Ihr Körper wehrt sich gegen die Erinnerungen, die Sie immer wieder in die Situation zurückgehen lassen. Sie haben eine Posttraumatische Belastungsstörung, PTBS genannt.«

Da war es. Eine Diagnose. Diese Diagnose.

Posttraumatische Belastungsstörung? Was, um Himmels willen, soll das sein?, fragte ich mich. Von dieser Art Störung hatte ich noch nie etwas gehört. Ich bat um eine Erklärung. Er sagte: »Laut Weltgesundheitsorganisation ist das eine ›Reaktion auf ein außergewöhnlich belastendes Ereignis oder eine Situation kürzerer oder längerer Dauer mit außergewöhnlicher Bedro-

153

hung oder katastrophenartigem Ausmaß, die bei fast jedem eine tiefe Verzweiflung hervorrufen würde‹.«

Das klang erstmal sehr theoretisch.

»Wie äußert sich das genau?«, fragte ich, denn ich war mir immer noch nicht sicher, ob die Diagnose überhaupt zutraf.

Der Psychologe schenkte sich ein Glas Wasser ein und bot mir ebenfalls eines an, ehe er weiterredete.

»Nun ja, es gibt einige Symptome, an denen man das ganz gut festmachen kann. Dazu gehören Alpträume oder sogenannte Flashbacks, in denen das traumatische Ereignis nochmal durchlebt wird, und zwar immer und immer wieder. Außerdem Erinnerungslücken. Das heißt, die traumatisierten Personen können das Erlebte zeitlich nicht mehr richtig einordnen, vermischen Details verschiedener Erlebnisse und versuchen obendrein, Situationen zu vermeiden, die sie an das Trauma erinnern könnten.«

Das kam mir sehr bekannt vor.

»Was ist mit Nervosität und Reizbarkeit?«, fragte ich.

»Das sind ebenfalls ganz typische Anzeichen. Genau wie Angstzustände, Depressionen, Antriebs- und Lustlosigkeit und im Extremfall Selbstmordgedanken.«

Ich schluckte.

So weit ging es bei mir zum Glück nicht, doch von den anderen Punkten trafen erschreckend viele zu.

»Sie dürfen nicht vergessen, dass die Seele der traumatisierten Menschen schwer verletzt ist. Die PTBS muss übrigens nicht zwingend unmittelbar nach dem traumatischen Ereignis auftreten, manchmal kommt es dazu erst Wochen, Monate oder sogar Jahre später.«

Ich bohrte weiter: »Sind denn hauptsächlich Soldaten davon betroffen?« Ich wollte alles wissen, alles, was sich von diesem Psychologen, der unglaublich gut erklären konnte, erfahren ließ.

»Nicht unbedingt«, antwortete er. »Betroffen sind unter anderem Rettungskräfte, die bestimmte Einsätze nicht verkraftet haben, Polizisten, die im Dienst schießen mussten, und eben Soldaten, die im Einsatz entsetzliche Dinge erlebt haben. Eine PTBS sucht gewöhnliche Menschen heim, die vollkommen ungewöhnliche Situationen zu verarbeiten haben.«

Zum Abschied befreite mich der Psychologe für insgesamt acht Wochen, also bis Mitte Januar 2000, vom Dienst und wünschte mir alles Gute.

In der folgenden Nacht, genau wie in unzähligen weiteren Nächten, fand ich keinen Schlaf, sondern wälzte mich nur todmüde von einer Seite auf die andere.

✳ ✳ ✳

Ganz wie mir der Psychologe geraten hatte, war ich die kommenden Tage und Wochen damit beschäftigt, meine Akkus wieder aufzuladen, mich auszuruhen und ausschließlich positive Dinge zu erleben. Mein Ziel war, das Leben wieder wie ein ganz normaler Mensch genießen zu können. So shoppte ich mit Freundinnen oder meiner Schwester, wobei ich mir jede Menge unnützes Zeug kaufte, spielte viel mit meiner Nichte und meinem kleinen Neffen, verbrachte viel Zeit mit Lesen – alles nur, um der Hölle in meinem Kopf zu entkommen.

Ab und zu, etwa alle drei bis vier Tage, konnte ich vier, fünf Stunden lang schlafen. Das ging allerdings nur, wenn es hell war. Nachts, in der Dunkelheit, suchten mich schreckliche Erinnerungen heim.

Zu der Schlaflosigkeit gesellten sich immer häufiger zermürbende, alles dominierende Kopfschmerzen, die mir schier die Sinne raubten. Es waren Schmerzen, mit denen ich zwar existieren, aber nicht wirklich leben konnte. An sicherlich fünf von sieben Tagen lag ich flach, konnte nicht mal aufstehen. An guten Tagen konnte ich immerhin gehen, stehen und sprechen, an schlechten schaffte ich es nicht mal alleine bis zur Toilette. Ich brachte keinen Bissen herunter, kein Wort kam mir über die Lippen.

Wenn wieder einmal gar nichts mehr ging und mein Flüssigkeitshaushalt völlig aus dem Lot war, so dass ich zu dehydrieren drohte, rief ich meine Mutter oder meine Schwester an. »Kannst du bitte vorbeikommen? Mir geht's nicht so gut«, sagte ich, mich für mein Unvermögen schämend. Es war ganz und gar nicht schön, mit fünfundzwanzig Jahren von anderen Menschen abhängig zu sein und sie, auch wenn es die nächsten Verwandten waren, mit meinen Problemen zu belasten.

Meine Mutter – und auch meine Schwester – zögerten in all den Jahren keine Sekunde. Sie fragten nicht nach, sie gaben mir keine Ratschläge, sie vermieden das Thema, doch sie waren immer für mich da und sorgten für mich.

Mehr als einmal kam es vor, dass ich versuchte, ohne fremde Hilfe aufzustehen und mir etwas zu trinken oder, was selten genug war, zu essen zu holen. Doch allzu oft endeten diese Versuche ungut – blutend und bewusstlos lag ich auf den Fliesen, bis jemand vorbeikam und den Notarzt alarmierte.

Bei den anschließenden Aufenthalten im Krankenhaus wünschte ich mir einen Blitz herbei, der mich auf der Stelle erschlagen sollte. Herbeigesehnt habe ich auch, genügend Kraft zu haben, um mit voller Wucht mit dem Kopf gegen die Wand zu rennen. Dann hätte dieser menschenunwürdige Zustand endlich ein Ende, und ich könnte so etwas wie Ruhe finden ...

✳ ✳ ✳

Als der Januar sich dem Ende zuneigte, fuhr ich wieder nach Diepholz.

»Was jetzt, Spieß?«, fragte ich meinen Vorgesetzten.

»Ich habe mir schon ein paar Gedanken vorab gemacht«, sagte er zu meiner Überraschung. »Gern würde ich Sie nach Hamburg schicken. Dort ist Doktor Biesold, ein hoch angesehener Facharzt für Psychiatrie und Psychotherapie. Er leitet im dortigen Bundeswehrkrankenhaus eine Abteilung, die sich mit PTBS beschäftigt.«

Etwa vierzehn Tage später hatte ich einen Termin bei Oberstarzt Dr. med. Karl-Heinz Biesold.

Der empathische Mediziner mit der schmalen Brille und dem leicht ergrauten Schnurrbart schaffte es im Nu, mein Vertrauen zu gewinnen. Wir verbrachten zwei Stunden miteinander, in denen er vor allem zuhörte. Er hatte eine gelassene Art, die viel Verständnis vermittelte.

Alleine mithilfe seiner Blicke konnte Dr. Biesold mich ermutigen, ihm all die schlimmen Erlebnisse zu schildern. In nur zwei Stunden entlockte er mir mehr Details, als ich bis heute anderen Menschen anzuvertrauen mochte.

Ich erzählte ihm von dem kleinen Ivica, den sein Peiniger in meinem Beisein erschossen hatte, von den beiden Mädchen, die vor meinen Augen auf eine Mine getreten waren, von dem Jungen, der in meinen Armen gestorben war und dessen Eltern ich die Todesnachricht hatte überbringen müssen. Und ich erzählte Dr. Biesold von all den vielen Dingen, die auf den ersten Blick vielleicht banal erscheinen mochten, die aber in mir ein Chaos überirdischen Ausmaßes angerichtet hatten.

Schon damals fragte mich Dr. Biesold etwas, was auch heute, zehn Jahre danach, noch immer ein Gesprächspunkt ist, zu dem wir nach wie vor zurückkehren.

»Warum sind Sie so hart sich selbst gegenüber?«

Bis heute habe ich keine Antwort auf diese Frage.

Dass die Bundeswehr aufgrund von Dr. Biesolds Diagnose eine sogenannte Wehrdienstbeschädigung bei mir anerkannte, war nur der erste und kleinste Schritt auf meinem langen verschlungenen Weg durch die deutsche Bürokratie, die mir mit Ablehnung, wenn nicht gar mit Verachtung begegnete.

Ich habe nie nach Auszeichnungen oder Anerkennung gesucht. Mir hätte es gereicht, wenn man mir Respekt entgegengebracht hätte. Respekt für das, was ich im Kosovo erlebt hatte.

Aber danach suche ich bei den Bürokraten wie anderswo bis heute vergebens.

*Weinen können ist ein Geschenk,
das Gott den Menschen machte,
als er Schönheit erschuf.*

13.

Da sich mein Zustand trotz zweier intensiver Therapiegespräche und der Erholung, die ich mir gönnte, nicht besserte, schrieb mich der zuständige Bundeswehrarzt noch einmal acht Wochen krank.

Dann wieder ein paar Wochen.

Und wieder.

Und wieder.

Bis ich am 30. Juni 2000 aus der Bundeswehr entlassen wurde. Die vier Jahre, zu denen ich mich 1996 voller Elan, Hoffnung und gutem Willen verpflichtet hatte, waren vorbei. Nun wurde ich entlassen – und schnell auch vergessen.

Ich hatte gehofft, mit der Entlassung wäre das Schlimmste geschafft. Doch weit gefehlt. Zwar war ich unendlich erleichtert, dieses Lebenskapitel abgeschlossen zu haben, aber mein Leidensweg war damit noch lange nicht beendet. Ganz im Gegenteil.

Nun hieß es in der zivilen Welt wieder Fuß fassen. Solange mein Vertrag bei der Bundeswehr lief, war ich zumindest finanziell abgesichert. Jetzt musste ich zusehen, wie ich meine Miete aufbrachte.

Eines Nachmittags besuchte ich wieder mal meine Schwester – ich war gerne bei ihr, denn meine Nichte und mein kleiner Neffe verschafften mir mit ihren sonnigen Gemütern immer ein paar unbeschwerte Stunden. Wir kamen auf meine Zukunft zu sprechen. »Weißt du schon, wie es mit dir weitergehen soll?«, fragte Danica. Sie machte sich Sorgen, weil sie um meine Krankheit wusste, auch wenn wir in der Familie so gut wie nie über meine Schwierigkeiten redeten, weil wir alle mit der Situation überfordert waren.

»Mein Medizinstudium kann ich mir abschminken«, sagte ich nur. »Ich wäre überhaupt nicht fähig, Blut oder Wunden auch nur zu sehen.«

»Solltest du nicht wieder als Bürokauffrau arbeiten? Es hat dir zwar nie Spaß gemacht, aber fürs Erste wäre das vielleicht keine schlechte Idee«, meinte sie.

Ich schüttelte heftig den Kopf. »Kommt gar nicht infrage!«

Danica ging in die Küche und holte eine Zeitung. Gemeinsam gingen wir die Stellenanzeigen durch, konnten jedoch nichts Brauchbares entdecken.

Allerdings war mein Ehrgeiz geweckt. Ich beschloss, mir einen Job zu suchen.

Mit einem befristeten Vertrag in einem Callcenter gelang es mir zumindest für eine Weile, so etwas wie einen halbwegs normalen Alltag zu leben. Doch wegen der anhaltenden Schlaflosigkeit und der heftigen Kopfschmerzen musste ich mich in immer kürzeren Abständen krankmelden. Deshalb wunderte es mich nicht, dass mein Vertrag, der im Dezember 2000 auslief, nicht verlängert wurde.

Anfang Januar 2001, es war ein bitterkalter Morgen, stand ich früh auf und machte mich voller Zuversicht auf den Weg zum

Arbeitsamt. Während ich die Scheiben meines Autos freikratzte, überlegte ich, wie ich dem Beamten dort meine Situation am besten erklären sollte.

Eine halbe Stunde später hatte ich eine Wartenummer gezogen und saß wie die zwanzig anderen Leute, die es an diesem Morgen hierher verschlagen hatte, auf einem harten Plastikstuhl. Die Stimmung war bedrückend.

Seit der Rückkehr aus dem Kosovo war ich extrem geruchsempfindlich, schnell wurde mir speiübel. Und der Mann neben mir schien es mit der Körperhygiene nicht so genau zu nehmen. Ich war nahe dran rauszurennen. Ich konnte, nein, ich wollte nicht verstehen, was mir hier widerfuhr. Unter Einsatz meines Lebens habe ich meinem Vaterland gedient, bin dabei schwer traumatisiert worden, und nun sitze ich hier, zwischen all diesen elenden Gestalten?, dachte ich verzweifelt.

Nach zwei Stunden war ich an der Reihe. Hinter der schweren Holztür erwartete mich ein gelangweilt dreinblickender Mittfünfziger mit gelben Zähnen. Er saß an einem grünen Resopalschreibtisch, vor sich ein paar Unterlagen in Klarsichthüllen, die Kugelschreiber und die Bleistifte steckten in einem Stiftehalter.

Kein »Guten Tag«, geschweige denn ein Handschlag oder gar ein freundliches Lächeln – nichts. Der Sachbearbeiter deutete lediglich auf den freien Stuhl vor seinem Tisch und fragte: »Was gibt's?«

Ich stellte mich kurz vor und erklärte ihm meine Lage. Während ich redete, blätterte er in einem Papierstapel. Allerdings schien er genau zuzuhören, denn als ich das Wort »Bundeswehr« erwähnte, reagierte er prompt – wenn auch anders als erwartet.

»Nee, nee, also für Soldaten sind wir hier nicht zuständig. Da müssen Sie schon zum Sozialamt gehen. Soldaten betreuen wir hier nicht.«

Sprach's, nahm einen tiefen Schluck aus seiner Kaffeetasse und drückte auf einen vergilbten Knopf, mit dem er den nächsten Klienten aufrief.

»Gut, aber danke für die kompetente und vor allem verständnisvolle Beratung«, erwiderte ich ironisch. »Dann fahre ich eben gleich zum Sozialamt.«

Doch ehe ich sein Büro verlassen konnte, sagte der Beamte: »Dort müssen Sie einen Termin machen. So einfach geht es ja nun auch wieder nicht!«

Wutschnaubend riss ich die Tür auf und rannte zum Auto. Unterwegs erinnerte ich mich daran, was einst mein Kommandant zu mir sagte, als ich eine förmliche Anerkennung wegen vorbildlicher Pflichterfüllung bekommen hatte:

»Deutschland ist froh und stolz, einen Soldaten wie Sie in seinen Diensten zu wissen.«

* * *

Im Warteraum des Sozialamts fühlte ich mich genauso unwohl wie beim Arbeitsamt; es warteten dort auch genauso viele Menschen. Ein Paar trug seine Streitigkeiten lautstark aus. Ein Mann schnäuzte sich mehrfach in seinen Jackenärmel. Eine Frau war gleich mit ihrem kompletten Hausstand erschienen, der offensichtlich in drei große Plastiktüten passte.

Wo bin ich hier nur gelandet?, fragte ich mich, kam jedoch nicht groß zum Nachdenken, weil ich aufgerufen wurde.

Hinter großen Brillengläsern hervor musterte mich die dunkelhaarige Dame mittleren Alters skeptisch.

»Guten Morgen«, sagte sie. »Was kann ich für Sie tun?«

Ich begann zu erzählen, doch weit kam ich nicht. Bereits nach den ersten Sätzen winkte die Sachbearbeiterin ab und machte mir klar, dass sie nicht für mich zuständig sei.

»Sie sind gar kein Fall fürs Sozialamt«, belehrte sie mich. »Sie müssen sich an das Versorgungsamt wenden.«

Ich protestierte: »Aber das Arbeitsamt hat mich zu Ihnen geschickt.«

»Ach so ... Also. So sicher bin ich mir da jetzt auch nicht. Aber sprechen Sie doch mal im Versorgungsamt vor. Die Kollegen werden Ihnen schon weiterhelfen können.«

Damit schien der Fall für sie erledigt. Sie bedachte mich mit einem Lächeln, das gleichzeitig als Aufforderung zum Verlassen ihres Büros gedacht war.

Einen Moment lang stand ich wie angewurzelt da. Wenn diese Frau hier schon nicht Bescheid wusste, wie sollte ich dann klar sehen? Natürlich, für sie war ich nur ein Fall von vielen. Mir aber, die ich enorm viel Willenskraft aufbieten musste, um mich zu jedem Schritt und erst recht zu jedem Ämtergang aufzuraffen, kam es vor, als würden mir alle ständig nur Steine in den Weg legen. Und ich hatte nicht die Kraft, die Steine aus dem Weg zu räumen.

Ich fuhr zum Versorgungsamt. Wieder musste ich warten. Ein mulmiges Gefühl machte sich in meinem Bauch breit. Was, wenn ich hier auch nicht richtig bin?, schoss es mir durch den Kopf. Wo soll ich denn noch überall vorsprechen? Beim Bürgermeister? Oder beim Bundeskanzler?

Schließlich wurde ich aufgerufen und betrat das mir zugewiesene Büro. Es roch nach abgestandenem Rauch und Schweiß. Mir gegenüber saß eine knapp einen Meter sechzig große, geschätzte hundert Kilo schwere Person mit adrett blond gefärbten und am Ansatz pechschwarzen Haaren.

Wieder einmal berichtete ich von meiner Lage und schloss mit den Worten: »Ich hoffe, dass ich bei Ihnen endlich an der richtigen Stelle bin, dass Sie mir weiterhelfen können.«

Da sagte sie: »Ich hab auch schon viele schlimme Dinge erlebt und heule nicht rum. Also reißen Sie sich mal zusammen!«

Sprachlos saß ich wie erstarrt da und rechnete jeden Moment damit, dass jemand aus dem Schrank sprang und »Überraschung, war doch nur ein Spaß!« schrie – doch nein, die Frau vom Versorgungsamt meinte es ernst.

Sie sammelte meine Unterlagen ein und sah mich mit hochgezogenen Augenbrauen an. »Ihre Situation ist so heikel, da wird es vermutlich ein paar Wochen dauern, bis ein Bescheid kommt«, meinte sie lapidar. »Es können aber auch ein paar Monate werden.«

Ich schnappte nach Luft. »Das geht doch nicht!«, sagte ich entsetzt. »Wie soll ich denn bis dahin meine Miete bezahlen?«

Da beugte sich die unangenehm nach Nikotin riechende Sachbearbeiterin zu mir herüber und sagte: »Herzchen, niemand hat Sie gezwungen, zum Bund zu gehen. Seien Sie froh, wenn wir überhaupt irgendetwas anerkennen.«

Mir traten Tränen in die Augen, dabei konnte ich seit meiner Rückkehr aus dem Kosovo kaum noch weinen. Doch waren es keine Tränen der Trauer, es waren Tränen der Wut. Bodenloser Wut.

Jemanden wie dich müsste man mal achtundvierzig Stunden in den Einsatz schicken! Gern hätte ich diese unverschämte Person höchstpersönlich bis nach Prizren geprügelt.

Ich sprang auf und sah zu, dass ich aus dem muffigen Büro kam, ehe ich mich vergaß. Das Letzte, was ich in meiner desolaten Situation gebrauchen konnte, war eine Anklage wegen Körperverletzung.

* * *

Mehrere Tage später suchte ich zum ersten Mal eine zivile Psychotherapeutin auf.

Bisher hatte ich noch geglaubt, ich könnte mich aus eigener Kraft aus meiner Situation befreien, immerhin hatten mir die Gespräche mit Dr. Biesold unglaublich viel gebracht. Doch ich schaffte es nicht. Schließlich musste ich einsehen, dass es aussichtslos war, den Kampf gegen die PTBS ohne professionelle Hilfe zu führen.

Auf der Suche nach einer Therapeutin folgte ich meiner Intuition. Ich holte die Gelben Seiten hervor und schlug die Seite mit den Psychotherapeuten auf. Sofort stach mir ein bestimmter Name ins Auge. Ich notierte mir die Nummer. An jenem Morgen war ich mir sicher, die richtige Person gefunden zu haben.

Was soll ich sagen? Selten hat mich mein Instinkt mehr getäuscht.

Noch am selben Tag rief ich an und vereinbarte mit der sympathisch klingenden Frau einen Termin für die nächste Woche.

Zur festgesetzten Zeit betrat ich voller Hoffnung ihre Praxis, die stark esoterisch anmutete. Die Psychotherapeutin bot mir Wasser an, das von Kristallsteinen energetisiert war, und ließ mich erst mal eine ganze Weile warten, ehe ich in den Behandlungsraum durfte.

»Setzen Sie sich doch, Frau Matijević«, sagte sie freundlich und deutete auf zwei Korbsessel, die in dem hellen, spärlich möblierten Raum standen. Ich ließ den Blick über die Mandalas und Traumfänger an den Fenstern wandern und registrierte die im Hintergrund leise vor sich hin plätschernde Musik, die nach Walgesängen klang.

Dann nahm ich in einem der Korbsessel Platz und erwartete, dass sie sich ebenfalls hinsetzte.

Doch sie musterte mich eingehend im Stehen. Dann fragte sie: »Weswegen kommen Sie zu mir?«

Ich erzählte ihr, dass ich im Einsatz gewesen war, dass mich die schrecklichen Erlebnisse in Prizren extrem mitgenommen hätten, dass ich seither unter entsetzlichen Kopfschmerzen litt und nicht mehr richtig schlafen könne.

Sie nickte mehrmals wissend. »Verstehe«, sagte sie zwischendurch immer wieder und forderte mich mit einem weiteren Nicken auf weiterzureden.

Ausführlich erzählte ich ihr vom kleinen Ivica. Stockend berichtete ich, wie sehr mich seither die Schuldgefühle plagten, weil ich den armen Jungen, der so viel Leid erfahren hatte, nicht hatte retten können. Dass ich mir bis heute vorwarf, seinen Widerstand nicht respektiert, sondern ihn gebrochen, mich durchgesetzt zu haben.

»Der arme, unschuldige kleine Junge ist jetzt tot. Weil ich versagt habe«, endete ich.

Zunächst sagte die Therapeutin nichts, dann senkte sie den Blick und fragte mit leiser Stimme: »Wie viel Raum nimmt das in Ihrem Leben ein?«

»Ich denke jeden Tag daran«, erklärte ich, »und jede Nacht. Ich habe Schwierigkeiten, mir Gutes zu gönnen oder Dinge zu genießen. Weil ich der Meinung bin, es nicht verdient zu haben.«

»Was haben Sie getan, nachdem auf Ivica geschossen wurde?«, hakte sie nach.

»Ich habe versucht, aus dem Rest seines Kopfes eine Nase zu formen und ihn zu beatmen.«

Da blickte sie zu Boden und sagte gar nichts mehr. Keine Frage, kein Räuspern, kein Husten. Nichts.

Erst wartete ich ungeduldig auf eine Reaktion, doch dann merkte ich, dass ihr Körper bebte. Erst ganz leise, dann immer deutlicher, bis diese Psychotherapeutin schlussendlich hemmungslos weinte.

Sie beweinte *mein* Trauma.

Ich war fassungslos.

Sie gab sich keine Mühe, ihre Tränen zu verbergen. Lautstark schnäuzte sie sich in ein Taschentuch. »Sie müssen verzeihen, Frau Matijević, aber eine so traurige Geschichte habe ich noch nie gehört«.

Ich hatte große Mühe, unter all dem Schluchzen ihre Worte zu verstehen.

Was sollte ich nur tun?

Ich legte der Therapeutin eine Hand auf die Schulter. Nachdem sie darauf nicht reagierte, streichelte ich ihr leicht über den Arm. Sie blickte auf, warf sich mir in die Arme und weinte herzzerreißend.

Ich murmelte einen Abschiedsgruß und ging.

Hilfe war von dieser Therapeutin nicht zu erwarten – ich war wieder mal auf mich allein gestellt. Und traurig, frustriert und wütend.

Was soll ich nur tun, wenn mir schon die Profis, seien sie Beamte oder Ärzte, nicht helfen können?, fragte ich mich auf dem Heimweg. Meine Verzweiflung war groß, doch noch regte sich ein Wille in mir.

»Okay, Dani«, sagte ich im Auto laut zu mir selbst. »Diesmal hat dein Instinkt dich getrogen. Das kann passieren.« Ich beschloss, mich von diesem einen Fehlgriff nicht kleinkriegen zu lassen. Nein, ich würde alles tun, damit es mir eines Tages wieder besser ginge. Damit ich irgendwann wieder so etwas wie Normalität erleben dürfte.

Als ich bei einem Familienessen mein Leid klagte, schwiegen alle betroffen. Meine Familie unterstützte mich, so gut es ging, aber sie war verunsichert, mehr: mit meiner Situation überfordert, weshalb wir das Thema – mich und meine Krankheit – meist komplett ausklammerten.

Wenn ich doch einmal zu erklären versuchte, dass es sich in meinem Fall nicht um eine simple Depression handelte, lautete der lapidare Kommentar: »Du brauchst aber auch immer eine Extrawurst.« Und damit war das Thema vom Tisch. Ich nahm ihnen keine Silbe übel, hätte ich doch selbst nicht gewusst, wie ich in ihrer Situation reagiert hätte.

Irgendwann gab ich es auf, den Menschen um mich herum zu erläutern, was in mir vorging. Sie konnten es nicht nachvollziehen. Entweder deprimierte es sie dermaßen, dass sie gleich den Kontakt zu mir abbrachen. Oder sie waren genervt, weil ich Verabredungen oft kurzfristig absagte, wenn es mir wieder mal nicht gutging, und verloren über kurz oder lang das Interesse an mir. So gingen einige Freundschaften zu Bruch, und auch die Beziehung zu meiner Freundin war nicht stark genug, um dieser hohen emotionalen Belastung standzuhalten.

Kannst du sehen,
was ich sehe?
Spüren, was mein Herz spricht?
Meinen Schmerz empfinden?
Natürlich nicht.
Du bist nicht mein Freund,
du bist meine Geißel.
Sitzt mir im Nacken
und flüsterst mir Niederträchtigkeiten ins Ohr,
während ich versuche,
dir die Daseinsberechtigung zu entziehen.
Vertraut-verhasste Schuld.

14.

Inzwischen waren drei Jahre nach der Diagnose »Posttraumatische Belastungsstörung« vergangen, und ich hatte mich mit einer ganzen Reihe von Leuten unterhalten, die meine Problematik weder kannten noch bereit waren, auch nur ein Mindestmaß an Verständnis für mich und meine Situation aufzubringen.

Eine typische Unterhaltung mit einem Bundeswehrangehörigen unmittelbar nach meiner Rückkehr aus dem Einsatz verlief in etwa so:

Er: »Seit wann sind Sie wieder zurück?«

Ich: »Seit ungefähr zwei Monaten.«

Er: »War es schlimm?«

Ich: »Ja, war es.«

Er: »Nun, dann können Sie ja froh sein, dass Sie zurück sind.«

Danke für das Gespräch!

Nicht alle Unterhaltungen hatten dieses Niveau, aber kaum eine war für mich wirklich hilfreich. All die hoch qualifizierten Therapeuten redeten lange und ausführlich mit mir und gaben ihr Bestes, daran zweifele ich nicht, doch helfen konnten sie mir nicht.

Wie erklärt man jemandem den Krieg?

Wie erklärt man jemandem, wie es sich anfühlt, in den eigenen vier Wänden, hier in Deutschland, zu fürchten, unter Beschuss zu geraten, wenn man auf die Toilette muss?

Wie erklärt man jemandem, wie viel Mut, Willen, Energie es kostet, Eltern beizubringen, dass ihr Kind tot ist?

Wie bringt man einem Blinden die Schönheit einer Blume nahe?

Ganz gewiss will ich niemandem einen Vorwurf machen. Vermutlich entspricht es der Natur des Menschen, Sachverhalte, die er nicht kennt, die ihm fremd oder ungewöhnlich erscheinen, erst einmal abzulehnen.

In dieser schweren Phase brach der Kontakt zu einem meiner Untergebenen ab, mit dem ich mich nach der Rückkehr aus dem Kosovo ein paarmal getroffen hatte. Er meldete sich nicht mehr, reagierte auch nicht auf meine Nachrichten oder Anrufe.

Doch vor kurzem sind wir uns zufällig wiederbegegnet – im Internet. Wir haben uns lange per Skype unterhalten. Er ist inzwischen ebenfalls nicht mehr bei der Bundeswehr, unterrichtet an einer Eliteuniversität in den USA. In unserem Internetgespräch erklärte er mir verlegen, dass es ihm irgendwann nicht mehr möglich war, mich weiterhin zu treffen.

»Der Unterschied zwischen der Daniela im Kosovo und der Daniela, die zurückgekommen ist, war einfach zu groß. Sorry, aber damit konnte ich nicht umgehen«, gestand er.

»Damals hat es mich schwer getroffen, dass du einfach verschwunden bist«, meinte ich, »Inzwischen kann ich es verstehen.«

»Ich kann es mir bis heute nicht verzeihen, dass ich die Anzeichen deiner Krankheit nicht ernst genommen habe. Du warst der härteste Soldat, den ich kannte. So etwas konnte unmöglich dir passieren, dachte ich.«

»Mich hat das auch total unvorbereitet getroffen.«

Wie hätte ich ihm sein Verhalten verübeln können? Mir selbst war vollkommen schleierhaft, was mit mir geschehen war. Es war ein Lichtblick, dass wir jetzt, gut ein Jahrzehnt später, darüber reden konnten!

Zum Schluss sagte er noch: »Jedenfalls tut es mir ehrlich leid.« Wir verabschiedeten uns herzlich voneinander. Ich erinnere mich gut an das Gespräch. Auch weil es zeigt, dass Verständnis für meine Situation durchaus möglich ist – selbst wenn es manchmal ein bisschen länger dauert.

Damals, als sich so viele von mir abwandten, stand ich allerdings vor einem großen Problem: Wie konnte ich von den mir nahestehenden Menschen verlangen, dass sie Dinge begriffen, für die ich selbst keine Erklärung hatte? Sogar heute, über zehn Jahre nach meiner Rückkehr, ist das manchmal noch so.

Während der Odyssee von Therapeut zu Therapeut empfand ich es als schlimm und zermürbend, dass ich einfach nicht erklären konnte, was in mir vorging. Ich war bei Frauen und bei Männern, bei Verhaltenstherapeuten und Heilpraktikern, ich probierte in meiner Verzweiflung alles aus, was mir »Heilung« versprach. Ich ließ unzählige Gespräche und Untersuchungen über mich ergehen – und stellte irgendwann resigniert fest, dass nicht der Krieg oder die darin involvierten Menschen mein größtes Problem waren, sondern die Beamten hier in Deutschland. Egal, wie detailliert ich beschrieb, was ich erlebt und erfahren hatte, die Sachbearbeiter hinter ihren Schreibtischen in den diversen Ämtern konnten sich meine Lage nicht vorstellen und lehnten deshalb per se alle meine Anträge und Gesuche ab.

Es kam mir so vor, als würde jeder Antrag, jeder Einwand, jede Anfrage erst misstrauisch beäugt und dann entweder abgeschmettert oder unbearbeitet liegen gelassen. Da ich mittlerweile keine Bundeswehrangehörige mehr war und sich weder das Sozial- noch das Arbeitsamt für mich zuständig fühlten, fiel ich durch alle Maschen. Offenbar gab es keine Regelung, wie Soldaten, die seelisch verwundet aus einem Einsatz zurückkehrten, behandelt werden sollten. Es scheint fast, als gäbe es diese Soldaten gar nicht.

Vereinzelt gab es Momente, in denen mir mit Verständnis begegnet wurde und ich das Gefühl hatte, dass sich jemand in mich und meine Situation hineinversetzen konnte. Zumeist dann, wenn es demjenigen in einer bestimmten Lage ähnlich ergangen war.

Bei einem Essen zum Beispiel, das Freunde von mir veranstalteten, war der vierundsiebzigjährige Vater der Gastgeberin zugegen. Er saß neben mir, und wir kamen ins Gespräch. Bald schon waren wir beim Thema Krieg angelangt.

Er berichtete von seinen Erlebnissen im Zweiten Weltkrieg. Vom Kornfeld, in dem er sich als Kind vor den Alliierten versteckt hielt. Von den Gefühlen, als er seinen Bruder und seine Mutter nach Jahren der Kriegsgefangenschaft wiedersah. Davon, wie er seine Heimatstadt aufzubauen half. Alles in allem war es, als sprächen wir dieselbe Sprache.

Und als ich sah, wie dieser ältere Herr selbst mehrere Jahrzehnte nach dem Krieg bei seinem Bericht mühsam mit den Tränen kämpfte, war ich sehr gerührt. Während sie ihm langsam über die Wangen rollten und auf seinem Sakko feuchte Flecken hinterließen, wurde mir ganz warm ums Herz vor Mitgefühl und Respekt.

Wie gut konnte ich mir seine Situation im Krieg vorstellen. Das Wiedersehen mit seinen Nächsten, die Freude gepaart mit der Seelenpein, das alles war mir so präsent, als hätte ich es selbst erlebt.

Dieser Mann kannte die Bilder, die Tag für Tag vor mir erschienen. Er kannte die Angst, auch ihn plagten nach so vielen Jahren noch die Flashbacks. Ich hatte den älteren Herrn nie zuvor gesehen, und doch war er mir an jenem Abend näher als mancher enge Freund.

In dieser intensiven Begegnung, in den Geschichten, die der Vater der Gastgeberin erzählte, erfuhr ich zum ersten Mal seit langem, was echte Kameradschaft sein kann. Sich selbst in einem anderen Menschen wiederzufinden, sich gespiegelt zu fühlen – das ist für mich wirkliche Kameradschaft!

* * *

Eines Tages, knapp zwei Jahre nach dem Kosovoeinsatz, flatterte mir ein Brief von einem meiner Kameraden aus dem Feldlazarett ins Haus. Erik hatte sich die Mühe gemacht, alle Adressen herauszufinden und unsere Einheit zu einem Kameradschaftsabend einzuladen. Da gehe ich hin, dachte ich.

Am Tag des Wiedersehens war ich aufgeregter als vor einem Date. Ich zweifelte, ob wir uns etwas zu sagen hatten. Würden wir uns nur anschweigen?

Doch meine Ängste waren völlig unbegründet. Zwar war nur ein kleiner Teil unseres Kontingentes gekommen, aber es tat gut, die Kameraden aus dem Kosovo unbeschadet – zumindest äußerlich unbeschadet – wiederzusehen. Von der ersten Minute an war es, als wären wir nie getrennt gewesen. Wir redeten die ganze Nacht lang – über den Einsatz. Wir mussten nichts erklären, nichts bezeugen, nichts beschönigen. Wir sprachen eine Sprache, die ein Zivilist nie verstehen könnte. Zusammen lachten, tranken und weinten wir. In diesen gemeinsamen Stunden kamen schreckliche Erlebnisse wieder hoch, so dass wir alle irgendwann total aufgewühlt waren.

Aber sosehr wir den gemeinsamen Abend auch genossen, wir trafen uns zum letzten Mal.

Doch das Treffen wirkte nach. Zu Hause, ich hatte mir gerade etwas zu essen zubereitet, fiel mir die Geschichte über Ludger ein, die ich, während die Kameraden sie erzählten, nicht an mich herangelassen hatte. Nun traf sie mich heftig. Ans Essen war nicht mehr zu denken.

Ludger war im November 1999 gemeinsam mit mir in Köln-Wahn gelandet. Ich hatte noch mitbekommen, wie er sich wunderte, dass ihn zwar seine Eltern am Flughafen erwarteten, aber nicht seine Verlobte. Erst zu Hause gestanden sie ihm, dass die Verlobte, die mit seinen Zwillingen schwanger war und die er nach dem Einsatz hatte heiraten wollen, bei einem Verkehrsunfall ums Leben gekommen war. Auch die Zwillinge überlebten nicht.

Ludger nahm sich das Leben.

Ich konnte es nicht fassen. Wieso Ludger, dachte ich, der zuckersüße, lebensfrohe Ludger?

Ich starrte auf den vollen Teller vor mir. Mein Gehirn lief auf Hochtouren, bis ich schließlich zu einer Erkenntnis kam:

Soldaten dachten anders als Zivilisten.

Natürlich würde auch ein Zivilist nach einem derart tragischen Verlust in eine tiefe Trauer stürzen, aus der er sich nur schwer wieder würde befreien können. Aber die meisten Menschen würden irgendwann doch ins Leben zurückfinden und vielleicht sogar den Satz bemühen: Die Zeit heilt alle Wunden. Die wenigsten, dachte ich, würden sich deswegen das Leben nehmen.

Ein Soldat mit Einsatzerfahrung in einem Krisengebiet, der, um mich politisch korrekt auszudrücken, »kriegsähnliche Zustände« erlebt hat, sähe das anders. Ich jedenfalls konnte Ludgers Entscheidung nachvollziehen, hätte ihm am liebsten zugerufen: Ich versteh dich, Kamerad. Wenn du sagst, du willst deiner Frau nachgehen, dann geh.

Das soll jetzt nicht heißen, dass alle Kriegsheimkehrer grundsätzlich suizidgefährdet sind. Allerdings verschiebt sich das Verhältnis zum Tod ganz erheblich, es relativiert sich, wenn man einmal gesehen hat, was Krieg bei anderen Menschen und auch bei einem selbst anrichtet.

Genug vom Tod!

Ich atmete tief durch, stellte den Teller in die Spüle und beschloss, ein wenig spazieren zu gehen, um auf andere Gedanken zu kommen. Doch während ich über die Wiesen und Felder lief, kehrte ich immer wieder zu den Geschichten und Themen zurück, um die es beim Treffen der Kameraden gegangen war.

Das Besondere an uns Soldaten ist, dass wir uns einander nie erklären müssen – egal ob einer Soldat im Kosovo war, in Afghanistan oder im Zweiten Weltkrieg. Irgendjemand hatte bei unserem Treffen den klugen Satz wiederholt, den mal einer unserer Vorgesetzten im Einsatz gesagt hatte: »Ich erkenne meine Schweine am Gang.« Erst jetzt verstand ich, was er damit gemeint hatte.

All jenen, die sich von mir abgewendet haben, weil sie mit mir und meiner Situation überfordert waren, sei hiermit gesagt: Seid beruhigt, es ist nicht euer Krieg. Es ist der meine. Jeden Tag aufs Neue. Wann immer ich die Augen schließe. Ihr könnt ihn nicht für mich gewinnen. Das sollt ihr auch gar nicht! Lasst bitte nur nicht zu, dass diese verdammten achtundachtzig Tage nicht nur die Daniela von früher, sondern auch unsere Beziehung zueinander für immer zerstören!

»Ich such mein Glück, muss aufrecht weitergehen und nicht gebückt, nur noch ein klitzekleines Stück …« – Diese Zeile aus einem Song von Moses Pelham gibt euch die Legitimation, die Wunden verheilen zu lassen, die dieser Einsatz nicht nur bei mir, sondern auch bei euch hinterlassen hat … Es ist wichtig, dass nicht nur ich genese!

Der folgende Text von Janina Fischer, einer lieben Freundin von mir, veranschaulicht gut, weswegen es so schwer ist, jemanden in meiner Situation richtig zu verstehen:

Krise

Dieses Gefühl,
keine Kraft mehr zu haben,
dagegen anzukämpfen.

Lähmende Angst
macht es unmöglich,
aufzustehen,
weiterzumachen
oder neu anzufangen.

Die eigenen vier Wände
als Gefängnis –
und als Schutzwall.

Hier sieht mich niemand,
ich bin geschützt
vor den Blicken anderer.

Nichts und niemand
kommt an mich heran.
Niemand
kann mich treffen
oder verletzen.

Und niemand kann mir helfen.

Der Schatten
des bohrenden Schmerzes
liegt auf mir.
Unverrückbar.
Unbeeinflussbar.
Unliebbar.

15.

Jeder Mensch, der unter einer Posttraumatischen Belastungsstörung leidet, kennt die für diese Krankheit typischen *Start-ups* zur Genüge. Es gibt zwischendurch Tage, da geht es einem gut, da meint man die Welt aus den Angeln heben zu können, da möchte man Bäume ausreißen, und auch wenn man sich dieses plötzlich aufgetauchte Hochgefühl nicht recht erklären kann, hofft man, dass nun der Punkt erreicht sei, an dem alles gut wird. Nur zu gern blendet man die Möglichkeit aus, dass der Schmerz und die Lethargie schneller zurückkehren könnten, als einem lieb ist. In solchen Momenten blüht man auf, sprüht nur so vor Energie, schmiedet tausend Pläne, hat Ideen, versucht sie umzusetzen – und scheitert.

Meinen großen Traum, eines Tages ein Medizinstudium zu absolvieren, um danach als Anästhesistin zu arbeiten, hatte ich schon vor einiger Zeit abgehakt. Nichts zu machen. Niemals wäre ich imstande, eine Leiche zu sezieren.

Ein Studium reizte mich dennoch. Die Anforderungen schienen mir leichter zu bewältigen als in einem festen Job, denn ich könnte mir ja das Lernen frei einteilen. Natürlich gab es auch im Studium zahlreiche Pflichtseminare und feste Termine, aber ich war der Meinung, es trotz meiner PTBS schaffen zu können.

Nach langen Überlegungen entschloss ich mich, Jura zu studieren. Psychologie oder Literaturwissenschaften hätten mich ebenfalls gereizt, doch am Ende schien mir Jura sinnvoller. Meine Mutter war ganz überrascht, als ich ihr von meinen Plänen erzählte.

»Wie kommst du denn auf Jura? Das ist ja eine ganz neue Richtung«, sagte sie.

Ihre Einwände schob ich beiseite – ich war felsenfest überzeugt, das Richtige zu tun, wollte alles unternehmen, um das Studium erfolgreich abzuschließen. Vor allem aber wollte ich mir beweisen, dass ich trotz Krankheit noch nicht kapituliert hatte. Jura erschien mir ähnlich pragmatisch wie die Medizin und würde mich sicherlich genauso reizen und fordern, redete ich mir ein.

Wie viele Chancen zum Neuanfang hatte ich noch?

Einst hatte ich eine Umschulung zur Logopädin beantragt, doch die wurde mir nicht bewilligt. »Für eine derart umfangreiche Ausbildung sind Sie viel zu geschwächt, Frau Matijević«, lautete der knappe Kommentar des zuständigen Sachbearbeiters beim Versorgungsamt.

Sie glaubten nicht daran, dass es mir gelingen würde, in mein altes Leben zurückzukehren.

Aber damit wollte ich mich partout nicht abfinden!

✳ ✳ ✳

Einerseits aus Trotz, andererseits, um es der Welt zu beweisen, begann ich das Studium der Rechtswissenschaften an der juristischen Fakultät zu Osnabrück.

Ich tat es für mich selbst, um meine Ehre und meine Lebensqualität zu retten.

Der erste Tag an der Uni war skurril. Mit knapp vierhundert anderen Studenten saß ich im Plenum und wartete auf den Beginn der Vorlesung zum Thema Öffentliches Recht. Ein Mann mittleren Alters mit grau melierten Schläfen, der einen teuer aussehenden dunkelblauen Anzug trug, betrat den Saal. Er blickte in die Runde und ging, eine dicke Zeitung unterm Arm, zum Pult.

»Jeder von Ihnen, der ab heute *nicht* täglich die *Frankfurter Allgemeine Zeitung* liest, hat in meinem Seminar nichts verloren«, sagte er statt einer Begrüßung.

Leises Raunen ging durch die Reihen, und ich fragte mich, was das eine mit dem anderen zu tun hatte.

»Des Weiteren sollten Sie spätestens im zweiten Semester die Möglichkeit erwägen, einen Taxischein zu machen, sofern Sie den Noten nach nicht zum ersten Drittel gehören.«

Wie auf Kommando sahen meine Sitznachbarin und ich uns an, verwundert über den arroganten Kerl, der von unserem Platz in einer der hinteren Reihen kaum größer wirkte als ein Schlumpf. Die Vorlesung, die nun folgte, war dröge. Doch der Stoff war überschaubar, und ich hatte mir ja fest vorgenommen, mich mit aller Kraft ins Studium zu stürzen. So war ich stets anwesend und schrieb eifrig mit.

Der gewöhnungsbedürftige Gutachtenstil, den man zu Beginn des Jurastudiums erlernt, ging mir irgendwann in Fleisch und Blut über. Ich ertappte mich dabei, wie ich die Welt in objektive und subjektive Tatbestände aufteilte. Dass der Tatbestand des Diebstahls nur dann erfüllt war, wenn die entwendete Sache fremd und beweglich war. Dass bei Mord immer eines der sieben Mordmerkmale erfüllt sein und man den Tatbestand des Vorhabens prüfen musste, wenn der eine Zechkumpan dem anderen eine Flasche über den Schädel zog, löste irgendwann keine Fragen mehr bei mir aus, sondern erschien glasklar und plausibel. Trotz aller Begeisterung und meiner hohen Motivation, die Schmerzen ließen mich nicht los. Zwar studierte ich inzwischen seit etwa zwei Monaten und war mehr oder weniger in der Lage, regelmäßig zu den Vorlesungen zu erscheinen. Was ich im Seminar nicht mitbekam, versuchte ich mir selbst beizubringen, so dass ich ganz gut mithalten konnte.

Doch dann kam der Schmerz wieder. Vehement und nachhaltig. Ich hatte enorme Schwierigkeiten, mich in den Seminaren oder Vorlesungen zu konzentrieren. Anfangs fiel es mir nur schwer, dem Gesagten zu folgen, zumal wenn der Professor seinen Monolog mit monotoner Stimme vortrug. Irgendwann jedoch war der Punkt erreicht, dass ich mich überhaupt nicht mehr konzentrieren geschweige denn mitschreiben konnte.

Mehr als einmal holten mich mitten im Plenum die Erinnerungen ein. Wenn ich urplötzlich und wie aus dem Nichts stoßweise zu atmen anfing, wenn ich nicht mehr sprechen konnte oder unansprechbar vor mich hin starrte, waren die Studenten um mich herum hoffnungslos überfordert.

Mit der Zeit wandte ich mehr Kraft und schauspielerisches Talent auf, um die anderen Studenten von mir abzulenken, als ich Energie ins Studium steckte.

Im November 2003 saß ich in einem Seminar über Zivilrecht. Es herrschte Anwesenheitspflicht, und ich hatte mich hingeschleppt, obwohl ich mich nicht gut fühlte. In der Nacht zuvor hatte ich kein Auge zugetan, hatte noch immer die Fernsehbilder vom Vorabend vor Augen, die deutsche Soldaten bei einer Patrouille in Afghanistan zeigten.

Ich saß also im Seminar und versuchte den Worten der Seminarleiterin zu folgen, als mich ohne Vorwarnung ein Flashback heimsuchte.

Ich stand mit meinem Vorgesetzten in der Nähe unseres Camps.

Auf einer großen Wiese.

Ich sollte nach Leichen suchen.

»Halt mal die Nase in den Wind und versuch die Leiche zu finden«, sagte er. »Ein Tipp noch: Dort, wo Leichen liegen, stehen die Disteln besonders gut im Saft.«

Mein Vorgesetzter wollte mich für den Verwesungsgeruch »sensibilisieren«. Nur mithilfe meiner Nase sollte ich die Leiche aufspüren, die irgendwo ganz in meiner Nähe im hohen Gras verweste.

Ich war also in der Osnabrücker Universität – und doch auch wieder nicht, denn an sich war ich mitten im Kosovo.

Ich schnaufte wie eine antiquierte Dampflok, mein Puls raste, und in meinem Kopf ertönte ein Schrei: »Nein! Ich will nichts sehen!«

Ich will nichts sehen?

Langsam setzte ich einen Schritt vor den anderen und hielt die Nase in den Wind, versuchte zu erschnuppern, wo die Leiche lag.

Inzwischen flossen mir Schweißbäche übers Gesicht, ich war unfähig mich zu regen, bis ich wie durch eine Wand die Stimme meiner Sitznachbarin hörte.

»Dani, alles okay?«

Ich war nicht in der Lage zu reagieren.

Stattdessen roch ich etwas. Es war ein abscheulicher Geruch. Nein, es war ein Gestank.

Und da lag er schon vor mir.

Ein toter einheimischer Soldat. Vergessen und verwest.

Die Stimme meiner Kommilitonin drang wieder durch: »Dani, was ist denn los?«

Ich schüttelte die alptraumhafte Erinnerung ab, saß wieder im Seminar und sah, dass alle Augen auf mich gerichtet waren. Die

Grenze zwischen Flashback und Wirklichkeit verschwamm, und hastig sammelte ich meine Unterlagen ein, schob sie in die Tasche, sprang auf und verließ fluchtartig den Raum.

Je mehr Vorlesungen ich nicht mitbekam, desto größer wurde der Druck, zur nächsten unbedingt erscheinen zu müssen. Und je größer der Druck wurde, desto sicherer kam der Schmerz. Es war ein Teufelskreis.

Die Flashbacks erwischten mich nicht nur an der Universität, sondern überall und jederzeit. Oft war es mir nicht möglich, auch nur zwei Meter geradeaus zu gehen.

Sobald klar war, dass ich schon wieder einen Tag an der Uni verpassen würde, griff der Selbsthass zu – ganz wie der Pawlowsche Hund.

»Nicht mal das kannst du«, tönte es in mir. »Wozu bist du überhaupt noch gut?«

Diese Lebensphase war beherrscht von einem alles dominierenden Gefühl: Schuld. Ich war mittlerweile perfekt darin, mich selbst fertigzumachen.

* * *

Nach knapp zwei Jahren musste ich schweren Herzens einsehen, dass ich nicht weiterstudieren konnte. Die PTBS hatte mich zu sehr in ihren Klauen, da konnte ich tun, was ich wollte. Sie war eigenständig, vor allem aber eines: stärker als ich.

Willkommen also in der Tretmühle.

Als Erstes musste ich nämlich das Versorgungsamt von meinem Scheitern in Kenntnis setzen und Anträge über Anträge ausfüllen, was mich zermürbte.

Wieder war ich eine Bittstellerin und musste wildfremden Menschen, die sich nicht die Bohne darum scherten, wer ich war, woher ich kam oder wie es mir ging, meine Lage erklären, musste bei ihnen um Verständnis werben. So manchem Beamten in den Behörden wäre es sicher lieber gewesen, wenn ich mich einfach in mein Schicksal ergeben und ihn nicht weiter mit Fragen und Anträgen belästigt hätte. Aber den Gefallen tat ich ihnen nicht, ich blieb hartnäckig, fragte nach, kämpfte.

Die Sachbearbeiterin im Versorgungsamt hörte mir gelangweilt zu, als ich ihr von meinen gescheiterten Studienversuchen berichtete.

»Ich habe wirklich alles versucht, es ging nicht«, sagte ich und ärgerte mich gleichzeitig darüber, wie anbiedernd ich klang.

»Da müssen Sie erstmal den Antrag ausfüllen. Und den hier auch noch. Dann schauen wir mal weiter.«

»Brauchen Sie dazu die Originale der Therapeutengutachten?«, fragte ich.

»Hab ich was davon gesagt?«, fragte sie zurück.

In mir brodelte es.

Wie heißt es noch in einem Lied von Herbert Grönemeyer? »Meine Faust will unbedingt in sein Gesicht – und darf nicht ...«

»Wann wurden Sie denn entlassen?«, fragte die Sachbearbeiterin.

Angriffslustig fauchte ich: »Laut dem Dokument, auf das Sie gerade blicken, am 30. Juni 2000.«

Sie zeigte sich empört. »Wir wollen nicht frech werden, mein Fräulein. Ich mach das hier nicht zum Spaß.«

»Meinen Sie, dass es mir Spaß macht, mich hier so anzubiedern?«

»Es hat Sie ja schließlich auch niemand gezwungen, Soldatin zu werden.«

Bumm!

Wieder mal das Totschlagargument. Ich war nur erstaunt, dass es so lange gedauert hatte, bis es kam.

Wortlos musterte ich mein Gegenüber, nahm meine Papiere und trollte mich gedemütigt nach Hause.

Dort vergrub ich mich im Schlafzimmer, begnügte mich damit, mir selbst leidzutun, und stellte zum x-ten Male fest, dass ich auf Menschen angewiesen war, die sich einen feuchten Kehricht um mich und mein Schicksal scherten.

Stellte die Stadt Osnabrück absichtlich Menschen im Versorgungsamt ein, deren Haut an der dünnsten Stelle drei Meter dick war?

Interessierte sich überhaupt irgendjemand dafür, was mir widerfahren war, oder war jeder nur darauf bedacht, so wenig wie möglich auszahlen zu müssen?

Wenig?

Der Betrag, den ich jeden Monat vom Staat erhielt, ließ mich seit Jahren bereits unter der Armutsgrenze leben. Nein, leben konnte man das, was ich tat, nun wirklich nicht nennen. Es war eher ein Existieren. Aber das kam davon, wenn man für Deutschland sein Leben riskierte.

Ich verfluchte Gott, das Leben und die Menschen und wartete auf Erlösung.

Doch nicht mal der herbeigesehnte Schlaf, der das Leid hätte lindern können, wollte kommen.

Kann,

will,

möchte,

begehre,

sehne,

erhoffe,

wünsche,

bitte –

darf nicht!

16.

Nach der Studienniederlage überlegte ich lange hin und her, was
für mich mit meinem Handicap beruflich überhaupt noch möglich war. Mittlerweile schrieben wir das Jahr 2004, und ich war
bereits seit fünf Jahren aus dem Einsatz zurück. Ich hatte es in
einem Callcenter versucht, ein Fernstudium begonnen, Telefon-
marketing betrieben, mehrmals ehrenamtlich gearbeitet – aber
keine der Arbeiten war von Dauer.

Das Gleiche galt für Freundschaften. Meine zwischenmenschlichen Beziehungen gingen so gut wie alle in die Brüche, weil
praktisch keiner von meinen Freunden und Bekannten Verständnis dafür hatte, wenn ich Verabredungen fünfmal absagen oder
verschieben musste, weil ich körperlich angegriffen war.

Immer wieder kam es zu Szenen, die mir bald ebenso verhasst
wie vertraut waren: Jemand aus meinem Freundeskreis rief mich
gut gelaunt an und wollte mit mir ausgehen. Froh darüber, dass
der- oder diejenige an mich gedacht hatte, sagte ich zu und freute mich aufrichtig auf ein Treffen.

Gleichzeitig beobachtete ich misstrauisch mein Befinden – Sekunde für Sekunde. Ich betete darum, meine Zusage halten zu können. Aber selbst Beten half nichts. In neun von zehn Fällen musste ich die Verabredung am Ende doch absagen. Während meine Freunde und Bekannten anfangs noch verständnisvoll reagierten, wenn ich anrief, um kurzfristig abzusagen, hieß es eines Tages nur noch:

»Das dachte ich mir schon. Wenn ich ehrlich bin, habe ich nicht wirklich mit dir gerechnet.«

Ich hätte heulen können. Kleinlaut sagte ich: »Entschuldige bitte, es geht mir echt beschissen. Mein Kopf bringt mich um.«

»Ja, klar.«

»Holen wir nach, okay?«

»Sicher. Mach's gut.«

Irgendwann wollte sich niemand mehr mit mir treffen. Dabei sagte ich nicht leichtfertig ab. Es verletzte und demütigte mich jedes Mal, wenn ich es tun musste. Selbst die Einschulung meines geliebten Neffen verpasste ich, weil ich im Schmerztaumel gestürzt war und mit einer Platzwunde am Kopf bewusstlos in meiner Wohnung lag.

Sogar langjährige Freundschaften wie die zwischen meiner Freundin Sonja und mir wurden auf eine harte Probe gestellt. Manchmal aber kam Hilfe.

Als ich mich wieder mal mit Sonja in einer Kneipe traf und sie mich fragte, ob ich denn einen Plan für meine Zukunft hätte, brach es aus mir hervor: »Ich hätte nur zu gerne einen, aber das ist völlig aussichtslos. Weißt du, wie in über fünfundneunzig Prozent der Fälle die Antwort auf die Frage lautet, welche beruflichen Chancen man mit PTBS hat? Gar keine.«

Sonja überlegte laut für mich: »Schwierig. Als Bürokauffrau, das geht nicht mehr. Und als Rettungssanitäter kannst du auch nicht arbeiten.«

»Nein, auf keinen Fall. Tod und Unglück habe ich echt genug gesehen. Diese Dinge sollen in meinem Leben keinen Platz mehr haben.«

Sonja nickte, zeigte Verständnis:»Wie wäre es mit einem Ehrenamt? Dann hast du eine Aufgabe. Du bist flexibel, kannst immer dann arbeiten, wenn es dir gerade gutgeht. Und eine gute Tat wäre es außerdem.« Sonja grinste, als sie sagte:»Ich kenn dich doch, das würde gut zu dir passen.«

»Keine schlechte Idee«, antwortete ich.»Ein paarmal habe ich ja auch schon ehrenamtlich gearbeitet. Aber immer nur für kleine Projekte.«

Sonja legte mir eine Hand auf den Arm.»Weißt du was, ich hör mich mal für dich um. Da wird sich was finden lassen.«

Danach redeten wir noch über dies und das. Es wurde ein lustiger, entspannter Nachmittag, und ich ging zufrieden und gut gelaunt nach Hause.

Ermutigt durch das Gespräch mit Sonja, nahm ich wenige Tage später Kontakt mit einer Lehrrettungsassistentin auf, die an Osnabrücker Schulen und Kindergärten Erste-Hilfe-Kurse anbot. Wir unterhielten uns lange und vor allem sehr ehrlich am Telefon. Aus meiner Erkrankung machte ich keinen Hehl, und ich merkte, dass die Frau am anderen Ende der Leitung meine Offenheit honorierte. Spontan beschloss sie, mich als Ausbilderin in ihr Team aufzunehmen, ich sollte schon bald anfangen. Bereits bei der Bundeswehr hatte ich gemerkt, dass es mir nicht schwerfiel zu unterrichten, dass ich in diesem Bereich sogar über ein gewisses Talent verfügte. Die Vergütung für mich bestand – neben einer Fahrtpauschale – in ein wenig Selbstachtung, die ich durch diese Tätigkeit zurückzugewinnen hoffte.

Schon nach meinen ersten Einsätzen zeigte sich, dass ich gerade Kindern den Stoff gut beizubringen vermochte und obendrein noch viel Spaß mit ihnen hatte. Besonders lieb waren mir die

Kindergartenkurse, in denen ich Drei- bis Sechsjährigen beibrachte, einen Notruf abzusetzen: Kleine Kinderköpfe mit großen Hörern am kleinen Ohr – ein Bild, bei dem ich dahinschmolz.

Ich übernahm die Rolle der Leitstelle, nahm also den Notruf an und fragte: »Wo bist du denn?«

Die Antwort der Kinder kam wahrheitsgemäß: »Im Kindergarten.«

Die Kleinen waren allesamt mit Feuereifer dabei. Wann immer ich einen Kindergarten verließ, folgte mir eine ganze Schar zum Auto, um mir zum Abschied enthusiastisch nachzuwinken.

Die Kurse dauerten selten länger als ein oder zwei Stunden, aber für mich bedeutete das Höchstleistung. Dennoch unterrichtete ich so oft es nur ging. Gebraucht zu werden tat mir gut – denn, ja, es zeigte mir: Ich war zu etwas imstande.

Als ich einmal mit der Lehrrettungsassistentin telefonierte, um meine nächsten Dienste zu koordinieren, kamen wir überraschenderweise auf meinen Einsatz im Kosovo zu sprechen.

Ich erzählte ausgiebig von meinen Erlebnissen.

Sie fragte: »Wie können Sie nach allem, was Sie erlebt und überlebt haben, überhaupt noch einen Lebenswillen haben?«

Diese Frage hatte ich schon oft gehört, und jedes Mal musste ich an Ludger denken, der den Freitod gewählt hatte.

»Das ist leicht erklärt«, erwiderte ich. »Wenn ich irgendwann aufgeben würde, hätten die Tage im Kosovo endgültig gesiegt. Das aber sehe ich nicht ein.«

Ich erzählte ihr von einem Offizier, einem meiner Vorgesetzten, der mal zu mir gesagt hatte: »Wenn ich erlebt hätte, was Sie durchgemacht haben, hätte ich mich längst erschossen.«

»Harter Tobak.«

»Allerdings«, sagte ich. »Aber ich bin eine Kämpfernatur. Mich kriegt das Leben nicht klein, das habe ich mir geschworen. Ich werde mein Dasein nicht als Verliererin beenden.«

Nachdem wir aufgelegt hatten, musste ich an die süßen kleinen Kinder denken, die ich unterrichtete. Was würde aus ihnen wohl eines Tages werden? Wie privilegiert sie aufwachsen, dachte ich, ganz anders als die armen Jungen und Mädchen, die ich im Kosovo gesehen habe – verwaist, verwahrlost und geschunden, hungrig und ohne jede Chance auf eine lebenswerte Zukunft.

Ein Gedanke ergab den nächsten, eine Erinnerung folgte der anderen.

Und schon begleitete ich zusammen mit einem unserer Kraftfahrer einen Konvoi zur Müllhalde. Ich hatte darum gebeten, diesen Job übernehmen zu dürfen – einfach deswegen, weil ich nicht glauben konnte, was meine Kameraden sich im Lager über die Müllhalde erzählten.

Als wir das abgelegene, nicht eingezäunte Gelände außerhalb von Prizren erreichten, stürzten viele kleine und einige größere Kinder auf uns zu und umringten unseren Wagen. Der Müll, den wir geladen hatten, bestand hauptsächlich aus Küchen- und OP-Abfällen. Neben Essensresten luden wir also auch Körperteile, blutige OP-Tücher, Mullbinden, Tupfer, gebrauchtes Verbandsmaterial dort ab.

Die Kinder schubsten sich gegenseitig weg und traten und schlugen sich, um möglichst dicht an einen unserer Wagen zu gelangen.

Während sich meine Kameraden daranmachten, den Müll abzuladen, ging ich auf die Kinder zu und versuchte beruhigend auf sie einzureden. Die verlotterten, dürren Gestalten sahen wild und zu allem entschlossen aus. In der Hoffnung auf Essensreste gierten sie nach dem Müll, aber wir kamen gar nicht an die hinteren Lkw–Türen, die es fürs Abladen zu öffnen galt.

Je länger wir hilflos dastanden, desto mehr Kinder wurden es. Schließlich fingen sie an, uns anzufassen und zu betteln, wobei sie immer fordernder wurden.

Mit einem Mal wurde die Lage gefährlich. Waren diese Kinder hier, weil sie Hunger hatten? Oder mussten wir mit einem Übergriff rechnen?

»Wir müssen davon ausgehen, dass eines der Kinder den Auftrag hat, uns anzugreifen«, warnte der Fahrer eines der Lastwagen.

»Du hast Recht«, sagte sein Beifahrer. »Das hier wird allmählich heikel.«

»Aber das sind doch bloß Kinder«, meinte ein junger Kamerad, der noch nicht lange im Einsatz war.

»Man darf sich nicht davon täuschen lassen«, erklärte ich ihm. »Wir haben schon häufiger Situationen erlebt, in denen uns Kinder angegriffen haben.«

Dann trafen wir einen Entschluss, der mir heute noch das Herz bricht.

Mit vorgehaltener Waffe hielt ich die Kinder auf Abstand, während meine Kameraden so schnell es ging den Müll abluden. Gern hätte ich die Augen zugemacht, um nicht in die entsetzten Kindergesichter blicken zu müssen. Ich tat es nicht. Ich wusste, was geschehen konnte – aus unmittelbarer Erfahrung.

Als ich im Kosovo angekommen war, begrüßten uns viele der Kinder sehr herzlich. Sie freuten sich jedes Mal diebisch, wenn wir sie abklatschten, sobald sie »NATO, NATO!« riefen.

Etwa vier Wochen später schlug aber die Stimmung in der Bevölkerung um. Die Menschen verhielten sich auf einmal abweisend uns deutschen Soldaten gegenüber. Waren sie zu Beginn noch froh über unsere Anwesenheit, schienen sie uns jetzt als Eindringlinge zu empfinden. Zum Teil verwechselten sie uns auch mit Einheiten anderer Länder, die ihren Auftrag im Kosovo eher grobschlächtig oder brutal verrichteten.

Die Kinder waren zwar weiterhin darauf erpicht, uns abzuklatschen, jedoch versteckten jetzt nicht wenige von ihnen Rasierklingen zwischen den Fingern und schnitten so manchem freundlichen Soldaten die Hand auf. So herrschte bald Misstrauen auf beiden Seiten, was unsere Begegnungen mit den Einheimischen nicht gerade erleichterte.

Noch heute sehe ich in meinen Träumen die verständnislosen Gesichter der Kinder auf der Müllhalde, die nicht begreifen konnten, dass wir sie bedrohten.

Als meine Kameraden mit dem Abladen fertig waren, schritt ich, die Kinder im Visier, rückwärts zum Laster und schwang mich auf den Beifahrersitz.

Im Rückspiegel konnte ich beobachten, wie sich die Kinderhorde, einem Vorhang gleich, um die Müllsäcke schloss.

✳✳✳

Im Kosovo hatte ich mich oft ohnmächtig gefühlt, zu Hause war ich es ebenfalls.

Ich schleppte mich von Tag zu Tag, ohne mich oder meine Umgebung wahrzunehmen. Ich lebte, ohne am Leben teilzuhaben, ich war da und doch nicht anwesend. Ich kämpfte mit Behörden, mit meinem Alltag, mit mir und meinem Umfeld. Am meisten litt ich darunter, dass mir die Menschen, vor allem jene in den Ämtern, mit Unverständnis oder gleich respektlos begegneten.

Wie wenig Respekt mir selbst ausgebildete Fachkräfte entgegenbrachten, erlebte ich zum wiederholten Mal im Sommer 2006. Weil ich beim Versorgungsamt beantragt hatte, den Grad meiner Behinderung von sechzig auf achtzig Prozent zu erhöhen, sollte ich eine vereidigte Psychiaterin aufsuchen. Zu dem Antrag hatte ich mich entschlossen, weil ich inzwischen kaum mehr in der Lage war, meinen Haushalt zu führen. Sollte der Antrag durchkommen, konnte ich auf zusätzliche Hilfe zählen.

Schon als ich die Praxis der Psychiaterin betrat, war mir mulmig zumute. Wieder musste ich einem fremden Menschen meine Geschichte erzählen, wieder alles auspacken, wieder mich selbst mit meinem Unvermögen und all meinen Schwächen konfrontieren.

Die Psychiaterin begrüßte mich knapp, reichte mir die Hand und bat mich ins Sprechzimmer.

»Dann erzählen Sie mal«, sagte sie sogleich.

Einfühlsam fand ich den Einstieg nicht gerade, und wohl fühlte ich mich in der sachlich eingerichteten Praxis auch nicht, aber es half ja nichts. Also schilderte ich der Psychiaterin meine Situation, berichtete von meinen Schmerzphasen, die inzwischen im besten Fall wenige Tage, im schlimmsten deutlich länger dauerten.

»Wenn ich Pech habe, erwischt es mich ganze sechs Wochen am Stück«, erzählte ich ihr. »Ich kann dann nicht mehr am Leben teilnehmen, weil der Schmerz alles beherrscht.«

Sie musterte mich lange, bevor sie fragte: »Können Sie nachts schlafen?«

»Meistens nicht«, antwortete ich. »Wenn überhaupt, dann tagsüber ein paar Stunden lang. Kaputt bin ich dennoch.«

Ich erzählte weiter.

»Ich bin nicht in der Lage, mein Leben zu planen. Egal was ich mir vornehme, fast immer macht mir der Schmerz einen Strich durch die Rechnung.«

Die nächste knappe Frage seitens der Psychiaterin: »Arbeiten Sie?«

Wie bitte?

Ich dachte erst, ich hätte mich verhört. Hatte ich ihr nicht gerade ausführlich erklärt, dass ich kaum alltagstauglich war?

»Nein«, sagte ich nur.

Eine Stunde lang befragte mich die Psychiaterin, die vor Hochmut geradezu troff. Dann erhob sie sich plötzlich.

»Danke, das war's. Vom Gericht erfahren Sie dann, wie ich Ihre Lage beurteile.«

Verwirrt und unzufrieden zugleich verließ ich die Praxis. So hatte ich mir ein Gespräch nicht vorgestellt.

Wochen später erhielt ich vom Gericht eine Nachricht. Mein Antrag auf Erhöhung des Schwerbehindertengrades wurde abgelehnt. Als Begründung hatte die Psychiaterin unter anderem angegeben, ich sähe für einen depressiven Menschen viel zu gepflegt aus.

Sprachlos stand ich vor meinem Briefkasten und konnte nicht glauben, was ich da las. Dass ich nicht »depressiv« war, sondern an einer Posttraumatischen Belastungsstörung litt, schien der Fachfrau nicht aufgefallen zu sein. Obendrein hatte das Gericht meine Klage abgewiesen, weil ich geduscht und ordentlich angezogen zu einem wichtigen Gespräch erschienen war.

Respekt.

Dort wo Wut, Rache und Stolz aufeinandertreffen,
behält Aggression immer die Oberhand.
Und hinterlässt nichts als Zerstörung.

17.

Ein Flashback schleicht sich an wie ein Niesen. Ähnelt aber bald einem Niesen nicht mehr.

In meinem Kopf fängt es zu wimmeln an, in etwa wie in einem Bienenstock.

Der Boden unter mir wird auf einmal weich, weich wie Watte – ich versinke beinahe darin.

Alles um mich herum verliert Konturen.

Ich bekomme einen Tunnelblick.

Je mehr ich versuche, diesem unerträglichen Zustand zu entrinnen, desto mehr verstärkt er sich, desto mehr hat er mich in seiner Gewalt.

Ohne Vorwarnung fällt ein Vorhang.

Es ist, als würde ich in einem alten, nach Verwesung stinkenden Filmtheater sitzen, dessen einziger Besucher ich bin. Es gibt Getränke aus Blut und Popcorn aus Leichenteilen. Die Platzanweiser tragen dunkle Fräcke. Sie verfolgen jede meiner Bewegungen.

Kurz darauf fängt der Film an.

Einer der bis heute in meinen Alpträumen am häufigsten aufgeführten Filme führt mir die Szene mit den beiden Mädchen vor Augen, die unmittelbar vor mir auf eine Mine treten. Es ist kein Film, von dem man sich nach Belieben distanzieren kann. Vielmehr *durchlebe* ich das Geschehen. Ich durchlebe es jedes Mal aufs Neue.

Im Detail bedeutet das:

Bei jedem Flashback sehe ich die beiden Mädchen vor, während und nach der Explosion.

Ich rieche die Luft des Kosovo, die ich beim Verlassen unseres Fahrzeugs tief einsauge.

Ich spüre die Sonne, die erbarmungslos meinen Helm aufheizt, meinen Kopf zu einem kochenden Topf werden lässt.

Ich sehe die beiden Mädchen, wie sie kichernd auf uns zukommen.

Ich höre mich selbst, wie ich die beiden bitte, uns zum Dorfältesten zu führen.

Ich bin amüsiert über ihren Frohsinn und blicke den beiden hinterher, als sie über die Wiese laufen.

Ich höre die unsagbar laute Explosion. Ein Geräusch, das meinen Gehörsinn komplett außer Gefecht setzt.

Ich rieche die Folgen der Explosion.

Ich spüre etwas Nasses im Gesicht, etwas Nasses auf den Armen.

Ich schmecke Blut.

Ich werde panisch.

Ich bekomme Todesangst.

Ich sehe an mir hinab, Blut bedeckt meinen ganzen Körper.

Ich verabschiede mich von der Welt, weil ich denke, es sei mein Blut.

Ich registriere allmählich, dass es nicht mein Blut ist.

Ich stelle fest, dass mir gar nichts fehlt, ich unversehrt bin.

Ich blicke genauer auf mich, um mich. Sehe die Körperteile der Mädchen. An mir, um mich.
Ich erstarre.

Die Flashbacks – das sind Sekundenbruchteile. Und doch erlebe ich die Situationen, vor denen mich graut, so intensiv wie beim ersten Mal.

Bei jedem Menschen mit PTBS wird ein Flashback anders ausgelöst, oft kann man im Nachhinein gar nicht sagen, was diesmal der Auslöser war.

Bei mir sind es hauptsächlich bestimmte Gerüche oder Bilder vom Kriegsgeschehen, die ich im Fernsehen sehe, grimmig dreinschauende Männer mit langen Bärten oder aber Kinder.

Mit am schlimmsten ist für mich der Geruch von Essig und Leder, denn seit dem Kosovo-Einsatz ist er untrennbar mit Leichengeruch verbunden: In der zur Obduktionshalle umfunktionierten Autowerkstatt in Orahovac hatte ich den Fehler gemacht, sowohl meine Fliegerstiefel als auch meine Uhr, die ein Lederarmband hatte, nicht auszuziehen. Schon nach einem Tag hatte sich der Leichengeruch dermaßen in das Leder eingefressen, dass ich Schuhe und Uhr nicht mehr verwenden konnte.

Obwohl ich Handschuhe trug, bekam ich den Leichengeruch nicht von den Händen. Möglicherweise spielten meine Sinne mir einen Streich, aber der Verwesungsgeruch haftete an meinen Fingern und raubte mir nach und nach den Verstand. Selbst dass meine Kameraden aus der Gerichtsmedizin und ich uns die Hände mit Essig abrieben, half nichts. Doch seither lässt mich schon der bloße Gedanke an Essig würgen.

Der Verwesungsgeruch hat sich mir dermaßen eingebrannt, dass ich selbst ein totes Eichhörnchen auf zehn Meter Entfernung ausmachen könnte. Ich wage zu behaupten, nicht mal Spürhunde könnten bei einer Leichensuche schneller anschlagen als ich.

Genauso ist es mit Schweiß. Schweiß bedeutet Angst – Todesangst. Und die konnte ich bei den Patienten, die im Sterben lagen, oft genug riechen.

Eine andere Art von Bedrohung sind für mich bärtige Männer. Nach mehreren unschönen Begegnungen, bei denen mir der Hass männlicher Einheimischer vehement entgegenschlug, sind Männer mit Bärten für mich gleichbedeutend mit Gefahr, Unberechenbarkeit, Herablassung.

Leider löst auch der Anblick von Kindern schlimmste Angstzustände aus. Ich habe zu viele von ihnen sterben sehen. Dass ein kleines Mädchen, das mir in der Fußgängerzone begegnet, nicht unbedingt auf eine Mine treten und vor meinen Augen explodieren wird, leuchtet mir zwar ein. Und dennoch schleicht mir diese Angst wie ein verabscheuungswürdiger Stalker ständig hinterher.

Rohes Fleisch anzufassen, um es zu braten, bereitet mir körperliche wie seelische Qualen. Den Anblick eines nicht ganz durchgegarten Steaks kann ich nicht ertragen. Zu sehr erinnert mich blutiges Fleisch an das verweste, von Maden durchsetzte Menschenfleisch.

Wann immer ich Besteck auf dem Tisch liegen sehe, muss ich an das Obduktionsbesteck in Orahovac denken, das fein säuberlich aufgereiht bereitlag.

Zwar habe ich viel über die Möglichkeiten gelesen, Flashbacks zu therapieren, doch keine Lektüre konnte mir helfen.

Meine Hoffnung, die Flashbacks würden im Laufe der Jahre abnehmen oder ich könnte sie besser ertragen, hat sich nicht erfüllt. Nichts, gar nichts ist besser, anders oder erträglicher geworden.

Nur eines hat sich im Laufe der Zeit geändert: meine Einstellung zu diesen Erinnerungsblitzen. Inzwischen habe ich akzeptiert, dass sie zu meinem Leben gehören. Zwar sind sie jedes Mal wieder grausam und lähmend, doch zu wissen, dass ich die Überfälle aus der Vergangenheit sicher auch dieses Mal überleben werde, lässt mich mittlerweile relativ routiniert damit umgehen. Natürlich ist selbst eine gewisse Routine nicht wirklich tröstlich – aber ich kann diesen Fakt ja nicht ändern. Hilft es etwa einem Diabetiker, der Zeit nachzutrauern, in der er auf einen Schlag eine ganze Tafel Schokolade essen konnte? Bringt einem Querschnittsgelähmten die Frage, was geschehen wäre, wenn ..., etwa die Kontrolle über seine Beine zurück?

Ein schönes Zitat aus *Brokeback Mountain*, einem meiner Lieblingsfilme, bringt die Sache auf den Punkt: »Wenn wir etwas nicht ändern können, dann müssen wir damit leben.«

Mit meinen Flashbacks habe ich mich arrangiert, doch das heißt noch lange nicht, dass sie für mich vorhersehbarer geworden wären. Sie kommen und gehen, wann *sie* wollen.

Im Laufe der Jahre sind mir viele ehemalige Kameraden begegnet, die ebenfalls unter Flashbacks leiden, auch wenn man keinen Fall mit einem anderen vergleichen kann. Die einzige Gemeinsamkeit, die es offenbar gibt, ist das Gefühl, plötzlich aus seinem Körper gerissen zu werden. Man steht wie angewurzelt da, kann sich nicht bewegen, richtet den Blick in eine rätselhafte Ferne. Nach ein paar Augenblicken, oft auch erst nach endlos langen Minuten, bewegt man sich wieder, beginnt man wieder zu atmen.

Einige Menschen weinen danach, andere bekommen einen Adrenalinschub oder werden aggressiv. Mich lähmt ein Flashback, hält mich gefangen. Gegen Ende eines solchen Blitzes sehe ich mich oft am Flughafen in Tetovo stehen – mit gepacktem Rucksack und abflugbereit. Ich warte auf die Maschine, die mich

– und damit meine ich die alte Daniela – endlich nach Hause bringt.

Ich stehe und warte und bete, der Pilot möge mich bitte nicht vergessen.

Ich warte noch heute. Die Maschine will und will nicht kommen.

* * *

Nicht nur Flashbacks plagen mich, ich entwickelte auch Phobien. Nach meiner Rückkehr aus dem Kosovo-Einsatz war es mir lange Zeit unmöglich, eine Grasfläche zu betreten. Als mich einer der vielen Therapeuten nach mehreren Überredungsversuchen plötzlich auf eine Wiese zog, fiel ich um, und alle Lichter erloschen. Nachdem ich aus der Ohnmacht erwacht war, wurde ich panisch und flüchtete aus der Therapie.

Schon der Gedanke an einen Rasen versetzte mich in Panik, und wenn ich eine Wiese im Fernsehen sah, bekam ich binnen Sekunden erst Beklemmungen und schließlich Atemnot. Dass ich heute, nach zehn Jahren, wieder Gras betreten kann, verdanke ich einem seltsamen Erlebnis.

Im Rahmen eines meiner ehrenamtlichen Arbeitsversuche fuhr ich ein paarmal als Sanitäterin in einem Rettungswagen mit. Die meisten Einsätze waren harmlos und schnell vergessen, doch einmal übernahm ich für einen erkrankten Kollegen eine Rettungswagenschicht, die vierundzwanzig Stunden dauerte.

Es war ein sonniger Junitag, ich war seit mittlerweile zweieinhalb Jahren wieder in Deutschland, und mein Kollege und ich wurden zu einem Kindernotfall gerufen. Die genaue Einsatzmeldung lautete: Strangulation.

Als ich das hörte, setzte mein Atem kurz aus. Mein Puls begann zu rasen, unzählige Bilder schossen mir durch den Kopf. Plötz-

lich konnte ich mich nicht mehr an lebensrettende Sofortmaß-
nahmen erinnern. Wie reanimiert man nochmal ein Kind?, fragte
ich mich. Welche Atemfrequenz muss ich einhalten? Kann es
passieren, dass ich *wieder* schuld am Tod eines Kindes sein werde?
Als ich auf dem Weg zum Unfallort aus dem Seitenfenster sah,
zog die Umgebung wie in Zeitlupe an mir vorbei. Vor Ort angekommen, war ich in Schweiß gebadet. Beinahe wäre mir der
Notfallkoffer aus den Händen gerutscht.

Was ich sah, war dies: Ein kleiner Junge – vier, fünf Jahre alt –
hatte sich in den Seilen einer Schaukel verstrickt. Dort hing er
nun, sein Gesicht dunkelblau verfärbt.

Der Notarzt und ich sprinteten zu dem Jungen.

Intubation. EKG-Elektroden an. Sauerstoffbrille.

Wir bereiteten eine Absaugung vor.

Mechanisch machte ich die nötigen Handgriffe. Aber innerlich
schlug mir das Herz heftig gegen die Brust.

Wir arbeiteten Hand in Hand, versuchten auf jede nur denk-
bare Weise, den Kreislauf des Jungen zu stabilisieren.

Wir waren zum Scheitern verurteilt.

Der Junge sollte es nicht schaffen. Rasch war uns klar, dass wir
unsere Reanimationsmaßnahmen nur noch durchführten, um
den Eltern des Jungen zu zeigen, dass alles Menschenmögliche
versucht wurde, um ihr Kind zu retten.

Der Notarzt stellte den Tod fest.

Nachdem wir unsere Sachen zusammengepackt hatten, lauschte ich in mich hinein – aber zu meinem Erstaunen regte sich
nichts in mir. Der Tod des Jungen war tragisch, keine Frage,
aber es schien, als wären alle Trauer und all meine Tränen ver-
braucht – mich rührte der Tod des Jungen an, aber er berührte
mich nicht …

Erst auf der Wache nahm ich wahr, dass ich den gesamten Einsatz auf einer Rasenfläche verbracht hatte. Um mich zu verge-

wissern, blickte ich in den Hinterhof der Rettungswache, wo ein Stück Grünfläche war.

Nichts.

Kein Herzklopfen.

Kein Schweißausbruch.

Kein Herzrasen.

Vorsichtig schlich ich zu dem Rasenstück, blickte auf die grünen Halme hinab.

Keine Panik. Noch immer nicht.

Ich hob ein Bein und hielt es dicht übers Gras.

Nichts.

Als ich erst den einen und dann den anderen Fuß auf das Grün setzte, durchfuhr mich eine Freude, die ich vor dem Kosovo-Einsatz gut gekannt hatte. Wie ein junges Reh sprang ich auf der Rasenfläche hin und her und freute mich über die zurückgewonnene Lebensqualität.

Meine Kollegen, die die Szene von der Veranda aus beobachteten, schüttelten den Kopf.

Trotz aller neckenden Kommentare, die ich danach zu hören bekam, merkte ich, dass sich die Jungs von der Rettungswache ehrlich mit mir freuten.

In diesem Augenblick der Freude blitzte ein Hoffnungsfunke in mir auf: Daniela, Gott hat dich nicht verlassen.

Glück ist etwas,
das sich einstellt,
wenn du bereit bist,
der Sinnlosigkeit in deinem Leben
den Rücken zu kehren
und aus Zweifeln und Selbstkritik
eine Plattform erschaffst,
auf der du aus lauter Fragezeichen
in deinem Leben
Ausrufezeichen machst.

18.

Kopfschmerzen! Ein bohrender, alles betäubender Schmerz im Kopf hat mich geweckt. Ich habe nicht die geringste Ahnung, ob es Tag oder Nacht ist. Zwar ist es hell, aber das Licht könnte auch von der Nachttischlampe stammen.

Ich kann kaum noch klar sehen, geschweige denn denken. Überall in meinem Kopf explodiert der Schmerz.

Ich kann weder essen noch trinken, mich nicht unterhalten oder telefonieren. Es gibt einzig und allein den Wunsch, mit voller Wucht gegen die Wand zu rennen, und die Hoffnung, durch Bewusstlosigkeit erlöst zu werden.

Oh, mein Gott, denke ich, das Medikament ist aufgebraucht.

Panik steigt in mir auf.

Wie soll ich eine solche Attacke ohne Schmerzmittel aushalten?

Keine Ahnung, wie viel Zeit vergeht oder was ich tue, aber irgendwann raffe ich mich mit letzter Kraft auf und schleppe mich zum Arzt.

Zum Glück ist die Praxis gleich um die Ecke, und da ich mich stark konzentriere, komme ich auch dort an – was mir nicht immer gelingt.

Indem ich in Gedanken jeden Schritt mitzähle, schaffe ich es gerade noch in die Apotheke, dann, wie ein Roboter, nach Hause.

Augenblick, verweile doch, du bist so schön! Von wegen. Wie ein gefällter Baum kippe ich aufs Sofa, nehme das Schmerzmittel ein und bete, dass es diesmal besser anschlagen möge als die Male zuvor.

* * *

An einem Menschen mit PTBS, der eine chronische Schmerzsymptomatik aufweist, versucht sich fast jeder Arzt gerne. Seit meiner Rückkehr aus dem Kosovo habe ich mehr Arztpraxen von innen gesehen, als mir lieb ist. Es gibt so gut wie keine medizinische Fachrichtung, mit der ich es nicht schon mal versucht hätte. Von Neurologie, Psychiatrie über Orthopädie und Anästhesie, von Heilpraktik bis zur alternativen Medizin und zur Traditionellen Chinesischen Medizin – alles habe ich versucht. Auch Akupunktur, Shiatsu, Akupressur, Gesprächstherapie, Einzeltherapie, stationäre Therapie, EMDR, Ergotherapie und etliches mehr.

Der Ärztemarathon hatte mir ganz schön zugesetzt, mit jedem neuen Facharzt, mit jeder neuen Therapie war ja auch die Hoffnung verbunden, mein Leid möge gelindert werden.

Im August 2007 kam ich in eine angesehene Bielefelder Klinik, die auf Patienten mit PTBS spezialisiert war. Dort standen neben Einzel- und Gruppengesprächen täglich Qigong, Ergo- und Aromatherapie auf dem Stundenplan.

Ich machte gute Miene dazu, obwohl ich merkte, dass all diese Maßnahmen bei mir nicht das Geringste bewirkten. Jeden Morgen stand ich brav um sechs auf und ließ das Tagesprogramm über mich ergehen. Gegen die Langeweile wies ich zwischendurch meine Mitpatienten in Wing Tsun ein, einer asiatischen Kampfkunst. Bereits nach zwei Tagen wählte man mich zur Patientensprecherin. Jetzt hatte ich eine Aufgabe.

Zwar verstand ich mich mit den Patienten ganz gut, doch fühlte ich mich ihnen nicht zugehörig. Wie auch? Ich traf eine Frau, die zwischen dreißig Persönlichkeiten wechselte. Eine andere verletzte sich immerzu selbst. Eine dritte hatte einen Waschzwang, die nächste litt als Transsexuelle unter Diskriminierung.

Und mittendrin ich.

Posttraumatisiert.

Ich gehörte nicht zu ihnen. Nicht, dass ich mich geschämt hätte, ein Teil von dieser Gruppe zu sein. Nein. Doch ich tickte anders …

Unter anderem war ich deshalb in gerade diese Klinik gekommen, weil die Ärzte dort versuchen wollten, mir mithilfe von *Eye Movement Desensitization and Reprocessing (EMDR)* – einer Behandlungsmethode für Traumatisierte – beizukommen. Beim EMDR regt der Therapeut bestimmte Augenreflexe an, die dem Patienten helfen sollen, unverarbeitete traumatische Inhalte besser zu bewältigen.

Bei mir ging es vor allem um das Erlebnis mit Ivica. Immer noch hatte ich einen totalen Blackout, was die Stunden nach dem Mord an dem Jungen betraf. Nach drei Sitzungen sah ich zwar etwas klarer, erinnerte mich sogar bruchstückhaft, doch Ivicas Tod war für mich noch schwerer zu ertragen, als nichts über all das zu wissen, was danach geschah. Nach wie vor konnte ich mir nicht verzeihen, nach wie vor lud ich alle Schuld auf mich. Das EMDR erweckte bei mir etliches zum Leben, das mir nicht mehr bewusst war – und das warf mich, was die Verarbeitung des Geschehenen betraf, um Jahre zurück.

Außerdem ergab sich durch den Klinikaufenthalt noch ein ganz anderes Problem, das mein Leben nachhaltig und gravierend beeinflussen sollte. Da sie meinen Schmerzen auf andere Weise nicht beikommen konnten, stellten mich die Klinikärzte auf Opiate ein. Ich musste dreimal täglich zwanzig Milligramm einnehmen – und tatsächlich ging es mir damit sehr viel besser. Zunächst jedenfalls. Jede Medaille hat allerdings eine Kehrseite, und die hieß in meinem Fall: Medikamentenabhängigkeit.

Viele chronische Schmerzpatienten gewöhnten sich im Laufe der Zeit an ihr Medikament. Doch der Druck, nicht mehr ohne Schmerzmittel leben zu können, kann genauso frustrierend und zermürbend sein wie der Schmerz, der mit diesen Schmerzmitteln unterdrückt werden soll …

Bei dem Entlassungsgespräch, das die Chefärztin mit mir führte, sagte sie: »Sie sind hier im Haus die psychisch gesündeste Person, Ihnen ist nur furchtbar wehgetan worden.«

Damit traf sie ins Schwarze, denn so fühlte ich mich auch: an der Seele verletzt.

Nach sechzehn Wochen verließ ich die Klinik in der Gewissheit, zwar PTBS zu haben, aber psychisch auf der Höhe zu sein – und um eine Abhängigkeit reicher.

Über die Zeit in der Klinik sprach ich mit meiner Familie nicht, kein Wort. Doch hofften meine Mutter und meine Schwester nach wie vor, bald schon die alte Daniela zu sehen.

Ich hoffte mit ihnen.

Erst aber musste ich wieder in den Alltag zurückfinden. Einkaufen, putzen, duschen, essen, atmen – allein das schon fiel mir unendlich schwer.

✳ ✳ ✳

Menschen, die an PTBS erkrankt sind, weisen eine Ambivalenz auf: Zwar wissen sie, dass die Einzigen, mit denen sie sich wirklich über das Erlebte unterhalten können, die Einzigen, die sie verstehen, die eigenen Kameraden sind, doch schrecken sie vor dem Kontakt mit ihnen zurück.

Nach dem Kosovo-Einsatz hatte ich sporadisch immer mal wieder Kontakt zu ehemaligen Kameraden. Doch nach einigen wenigen – meist sehr intensiven – Gesprächen zog ich mich dann jeweils zurück. Zwar fühlte ich mich verstanden, oft auch ohne Worte, trotzdem waren und blieben meine Kameraden stumme Zeugen meiner Leiden – so wie ich eine stumme Zeugin ihrer Leiden war und bin. Es war ganz so, als würden sich zwei Magnete erst magisch anziehen, nur um sich kurz darauf umso heftiger abstoßen zu können. So in etwa gestaltete sich auch meine Beziehung zu einem ganz besonderen Kameraden.

An einem Morgen, es war im August 2008, saß ich in meinem Osnabrücker Lieblingscafé und blätterte in der aktuellen Ausgabe der Zeitschrift *Neon*. Eine Überschrift fiel mir ins Auge: »Wenn der Krieg niemals endet«. Ich las den dazugehörigen Artikel von Tobias Zick wie im Fieber, denn er berichtete von einem deutschen Soldaten im Irak. Vieles von dem, was der Soldat Holger S. aus dem Artikel berichtete, deckte sich haargenau mit meinen Erfahrungen und meinen Befindlichkeiten. Doch nervös wurde ich erst, als Oberstarzt Dr. Karl-Heinz Biesold, der mich 1999 in Hamburg behandelt hatte, in dem Artikel zu Wort kam.

Neugierig las ich, was Dr. Biesold zu berichten hatte, und wurde starr: Er erzählte von einer jungen Rettungssanitärin aus Niedersachsen, die mit ansehen musste, wie zwei kleine Mädchen auf eine Mine traten und detonierten.

Das gibt es doch nicht, dachte ich. Das gibt es nicht, dass diesem unglaublich kompetenten Mann, der sicher Unmengen von

Leidensgeschichten zu hören bekam, ausgerechnet mein Erlebnis selbst nach so vielen Jahren nicht aus dem Kopf ging. Weder nahm ich die Kellnerin wahr, die die Bestellung aufnehmen wollte, noch hörte ich die Geräusche um mich herum. Der Lärm, der mich so manches Mal davon abgehalten hatte, in diesem Café zu frühstücken, schien auf einmal meilenweit entfernt. Wie besessen las ich wieder und wieder die Äußerungen von Dr. Biesold.

Anstatt etwas zu bestellen, erklärte ich der verwirrten Kellnerin, dass ich dringend wegmüsse – und rannte zu meinem Auto, blind für meine Umgebung.

Zu Hause angekommen, rief ich in der Redaktion von *Neon* an und verlangte nach dem Autor des Artikels, der sich auch prompt meldete.

»Daniela Matijević mein Name«, sagte ich. »Ich habe heute Ihren Artikel über den ehemaligen Soldaten Holger S. gelesen. Die Soldatin, von der Oberstarzt Dr. Biesold erzählt, das bin ich.«

Stille am anderen Ende der Leitung. Dann: »Was kann ich für Sie tun?«

»Ich wäre Ihnen sehr verbunden, wenn Sie mir einen Kontakt zu Holger S. herstellen könnten, den Sie interviewt haben.«

»Das will ich gerne tun«, sagte Tobias Zick und schob gleich eine Frage hinterher: »Könnten Sie sich vorstellen, mir einmal Ihre eigene Geschichte zu erzählen?«

Ich schwieg. War ich dazu bereit?

Dann sagte ich: »Ja. Es wird Zeit, das Schweigen zu brechen.«

Wir machten einen Termin aus und verabschiedeten uns.

Keine zwei Stunden später telefonierte ich das erste Mal mit Holger. Uns beiden war von Anfang an klar, dass sich hier zwei Menschen gefunden hatten, die nicht nur die gleichen Bilder und Ängste kannten, sondern auch nicht viele Worte brauchten, um sich zu verstehen.

Im Unterschied zu mir erlebte Holger seine PTBS in vielen verschiedenen Stadien. In der ersten Phase – Unruhe – fing er an, die Hände zu kneten, im Zimmer auf und ab zu laufen und völlig sinnloses Gefasel von sich zu geben, nur um der Stille keinen Raum zu lassen. In der zweiten Phase – Obacht – spähte er ununterbrochen aus dem Fenster und beobachtete den Luftraum. War er unterwegs, vergewisserte er sich im Abstand von wenigen Minuten, dass er nicht verfolgt wurde. In Phase drei – Panik – warf er sich schon mal unter einen Tisch, damit ihn keine Scud-Rakete treffen konnte – oder er sprang urplötzlich aus der Badewanne, weil er meinte, sich in Sicherheit bringen zu müssen.

»Wir alle mehr oder minder schwer traumatisierten PTBSler haben eben unseren Knacks weg«, meinte ich zuletzt.

Zwei Wochen später traf ich mich mit Tobias Zick und der Journalistin Birthe Dannenberg. Das Interview mit mir und Angelika K., meiner ehemaligen Kameradin aus dem Kosovo-Einsatz, dauerte mehrere Stunden. Als ich Angelika von dem geplanten Interview erzählt hatte, war sie sofort bereit, offen über ihr Schicksal zu sprechen. Ohne ein Blatt vor den Mund zu nehmen schilderten wir also Tobias Zick und Birthe Dannenberg, was uns widerfahren war, wie wir uns fühlten und wie uns die Behörden in Deutschland behandelt hatten. Die beiden Journalisten stellten ihre Fragen ohne jedes aufgesetzte Mitgefühl.

Bis spät in die Nacht saßen wir zusammen, lachten und litten gemeinsam. Uns war es, als öffneten wir mit diesem Gespräch ein neues Kapitel.

Beschwingt schloss ich nach diesem Treffen meine Wohnungstür auf – und traf auf ein Bild der Verwüstung. Meine Wohnung war durchsucht worden. Jemand hatte alle Fotos und Notizen von der Pinnwand gerissen. Der Inhalt der Schubladen war durchwühlt worden. Überall lagen Klamotten verstreut, dazwischen Unterlagen.

Es sollte eine Warnung sein, das ahnte ich sofort. Wer auch immer meine Wohnung derart auf den Kopf gestellt hatte, er wollte mich einschüchtern.

Aus Angst, meiner Familie könnte etwas zustoßen, zog ich die Druckerlaubnis für das Interview gleich am nächsten Tag zurück. Auch wenn ich es für sehr wichtig hielt, dass endlich mal einer Klartext redete – die Angelegenheit war es nicht wert, das Leben von geliebten Menschen aufs Spiel zu setzen.

Es sollte ein weiteres Jahr vergehen, bis ich endlich den Mut fand, all das in Worte zu fassen, was mir Nacht für Nacht in der Seele brannte. So schrieb ich erst im Sommer 2009 meine Erlebnisse auf.

Das Ergebnis leitete ich an Tobias Zick weiter, zu dem ich die Verbindung nie verloren hatte, und er gab es an einen Literaturagenten weiter. Zeitgleich verschickte ich mein Manuskript an einige andere Menschen. Mein Text sorgte im Nu für eine Menge Aufregung. Innerhalb weniger Tage führte ich Telefonate mit dem Bundeswehrverband, wo man behauptete, meine Erlebnisse müssten erfunden sein, denn derlei passiere bei der Bundeswehr nicht, mit dem Reservistenverband, wo man mir sofort Unterstützung anbot, und mit dem *Spiegel*, dem ich kurz darauf ein Interview gab.

Es war eine Flucht nach vorn; möglichst vielen Menschen sollte mein Text zugänglich sein. Die große Chance dazu bekam ich, als ich am 13. Oktober 2009 eine Lesung im Osnabrücker Lutherhaus hielt. Der Hausleiter Ingo Lohr war sich durchaus bewusst, dass das von mir vorgetragene Material hochexplosiv war, entschloss sich aber dennoch, mich zu unterstützen.

Am Abend der Lesung schwankte ich zwischen Aufregung und dem sicheren Gefühl, das Richtige zu tun. Das Adrenalin sprudelte, ich stand total unter Strom, doch die Menschen, die meinetwegen aus ganz Deutschland angereist waren, verliehen mir eine Sicherheit sondergleichen.

210

Der Saal war zum Bersten voll, als ich zitternd auf die Bühne stieg. Neben meiner Familie und einigen engen Freunden entdeckte ich meine damalige Therapeutin Anna, Ulrike Demmer vom *Spiegel*, Holger und Angelika.

Mit zitternden Händen begann ich zu lesen, und augenblicklich wurde es ruhig. Ich war konzentriert, die Leute hörten mir zu. Leicht hätte man die sprichwörtliche Stecknadel fallen hören können.

Als ich zwischendurch einmal tief Luft holen musste, ertönte aber aus dem Publikum ein Zwischenruf.

»Die Welt braucht Menschen wie dich. Menschen, die sich trauen, die Wahrheit auszusprechen«, rief einer der Anwesenden und bat: »Lies bitte langsamer, wir wollen alles verstehen.«

Gern kam ich der Bitte nach.

Nach dem letzten Satz des Textes ließ ich die Hände sinken und blickte ins Publikum.

Nichts.

Kein Wort.

Keine Regung.

Sekundenlang war der Saal in absolute Stille getaucht. Dann brauste ohrenbetäubender Applaus auf. Die Zuhörer erhoben sich begeistert von ihren Plätzen.

Ich war benommen.

*Du kannst einen Soldaten
aus dem Krieg nehmen,
aber den Krieg
nie wieder aus dem Soldaten!*

19.

Samstag, der 24. April 2010, halb sechs Uhr abends. Vor kurzem
bin ich in eine schöne, große neue Wohnung umgezogen, nun
blicke ich aus dem Arbeitszimmer auf einen Garten. Die Sonne
scheint. Der Rasen müsste dringend mal gemäht werden, fällt
mir auf, doch dafür habe ich momentan keine Zeit.

Es ist erstaunlich, was sich im letzten halben Jahr in meinem
Leben alles ereignet hat. Die Arbeit an meinem Buch ist so gut
wie abgeschlossen, vieles hat sich zum Guten – oder vielmehr: in
eine bessere Richtung gewendet. Nicht alleine durch mich ist
den Menschen in diesem Land Unbekanntes oder auch nur Un-
angenehmes greifbar geworden, so dass sie nicht mehr umhin-
können, über Dinge zu diskutieren, die bis vor kurzem noch tabu
schienen.

In Afghanistan sind bei Feuergefechten in den vergangenen
Wochen sieben deutsche Soldaten ums Leben gekommen. Die
offizielle Todesursache lautet zum ersten Mal in der bundesdeut-
schen Nachkriegsgeschichte: »Tod durch Schussgefechte«, denn

die Soldaten sind einem Anschlag zum Opfer gefallen. In der Erklärung des Bundesverteidigungsministers heißt es, die Soldaten seien »im Einsatz für den Frieden gefallen«.

Die Toten, die unser Land bei Auslandseinsätzen bisher zu beklagen hatte, waren alle bei Unfällen ums Leben gekommen. Nun müssen viele Menschen in Deutschland umdenken und sich der Tatsache stellen, dass jene Soldaten, die tagtäglich ihr Leben fürs Vaterland aufs Spiel setzen, im Kriegseinsatz sterben mussten.

Es macht mich sprachlos und wütend zugleich, wie auf einmal nahezu alle in Politik und Medien Mitleid heucheln. Nein, dies sind nicht die ersten Soldaten, die im Zinnsarg nach Hause zurückkehren – nein, es gab davor schon welche. Noch eine Frage drängt sich auf: Was bitte geschieht mit all den noch lebenden Männern und Frauen, die körperlich unversehrt aus einem Einsatz in Afghanistan zurückgekehrt sind oder noch zurückkehren werden? Nach den seelischen Verletzungen dieser »Kriegsveteranen« – diesen Terminus gebraucht natürlich keiner – fragt niemand.

»Ein Veteran ist ein ehemaliges Mitglied einer Streitkraft, der in einem Einsatz gedient hat, in dem kriegsähnliche Zustände geherrscht haben.« Diese Definition stammt von Jos Weerts, einem Mitarbeiter des Veteraneninstituts in Doorn, Niederlande.

Der demokratisch gesinnte, juristisch fundiert informierte Deutsche mag mit dieser Definition hadern, denn offiziell hat sich die Bundeswehr an keinem Krieg beteiligt, geschweige denn einen Krieg unterstützt.

Doch wenn ich als Soldat in ein Land komme, in dem ich Tag und Nacht eine schusssichere Weste tragen und permanent damit rechnen muss, überfallen oder beschossen zu werden, wenn ich mich nicht frei und schon gar nicht allein bewegen darf, weil die Gefahr eines Anschlags zu groß ist, dann befinde ich mich im Krieg.

Deutschland sendet seit 1992 seine Soldaten zu Einsätzen in der ganzen Welt aus. Auch heute werden Kontingente in der Stärke von dreitausendsechshundert Soldaten losgeschickt – wie damals bei mir im Kosovo. Wenn ich von diesem Richtwert ausgehe – seit 1999 bekommen diese dreitausendsechshundert Soldaten ihren Marschbefehl für den Auslandseinsatz – und ich zudem berücksichtige, dass die Kameraden dann und wann durchwechseln, dann komme ich – nach vorsichtiger Schätzung – auf mehr als siebentausend Veteranen pro Jahr. Siebentausend Männer und Frauen, die ihren Auftrag im Namen der NATO, der UNO oder anderer Organisationen ernst genommen, die gekämpft und sich, wo und wie auch immer, versehrt haben. Als »verwundbar« gilt bei der Bundeswehr nur der Körper, nicht aber die Seele. Doch ich weiß ganz genau, wie falsch diese Einschätzung ist.

Noch immer müssen Soldaten hierzulande für Grundrechte kämpfen, die sogar in weniger demokratischen Ländern selbstverständlich sind. Stirbt beispielsweise ein Bergmann bei der Ausübung seiner Pflicht, so ist das ein tragischer Dienstunfall, der Mitleid und Respekt erfährt. Fällt dagegen ein Soldat im Auslandseinsatz, heißt es nicht selten: Selber schuld, warum hat er sich auch beim Bund verpflichtet?!

Dieser Satz, den ich seit meiner Rückkehr unzählige Male anhören musste, bringt mich jedes Mal in Rage.

Für all jene Soldaten, die schwer traumatisiert von einem Auslandseinsatz zurückkehren, weil sie in anderen Breitengraden und Kulturen Dinge erlebt haben, die sie in ihrem satten, angepassten Leben in Deutschland nie hätten erdulden müssen, klingt dieser Satz wie blanker Hohn. Und sollten sie mal offen berichten, wie schlimm die Kriegserlebnisse für sie waren, werden diese Soldaten oft genug zur Raison gerufen:
»Stell dich nicht so an!«

»Schwächling!«

»Reiß dich gefälligst zusammen!«

»Jetzt übertreib mal nicht so!«

Wieso ist es den Menschen in diesem Land nicht möglich, mir als Soldatin Respekt zu zollen – für den Mut, in den Einsatz zu gehen, aber auch für die Geduld, den Einsatz zu überstehen, und für den Ehrgeiz, anschließend irgendwie damit zu leben? Wieso ist es ihnen nicht möglich, mir und meinen Kameraden auf die Schulter zu klopfen und uns zu sagen, dass wir uns nicht zu schämen brauchen?

Warum scheint es hierzulande den Ewiggestrigen, die, leer in Herz und Hirn, rechte Parolen brüllen, vorbehalten zu sein, von »Stolz« zu sprechen und Stolz zu äußern?

Man ist nicht automatisch rechts, nur weil man ein Veteran ist.

Ja, ich bin stolz darauf, mit wundervollen, mutigen Männern und Frauen gedient zu haben, die jederzeit offenen Auges, vor allem aber offenen Herzens für mich und alle anderen Kameraden in den Tod gegangen wären. Wir waren uns näher als so manche Familienmitglieder es einander sein können. Wir hielten uns gegenseitig fest, wenn sich einer von uns in den Schlaf weinen musste. Wir salutierten, schoben Totenwache vor den Kühlcontainern und erwiesen Kameraden aus den eigenen Reihen die letzte Ehre, die wir in Zinnsärgen nach Hause schicken mussten.

Seit unserer Rückkehr müssen wir mit der Verachtung der Menschen leben, nur weil sie keine Ahnung davon und auch kein Interesse daran haben, was wir erlebt haben. Das tut weh.

Dass Ärzte mittlerweile allergisch auf mich reagieren, weil sie mir nicht helfen können, damit lebe ich. Dass die Allgemeinheit denkt, ich sei an meiner misslichen Lage selbst schuld, das nehme ich hin. Dass ich finanziell seit Jahren am Existenzminimum lebe, das verkrafte ich irgendwie. Aber dass ich wie ein niederes

Lebewesen behandelt werde, weil ich es gewagt habe, versehrt aus dem Einsatz zurückzukehren, das bleibt für mich unfassbar.

Erst als ich meine Aufzeichnungen vor Publikum las, als klar war, dass sich der Text zu einem Buch auswachsen würde, hörte ich zum ersten Mal den Satz: »*Respekt*, Daniela, dass du das alles durchgestanden hast!«

Schön wäre es, wenn ich diesen Satz in einer Zeit gehört hätte, in der es mir weitaus schlechter ging als heute.

* * *

Um die mir nur allzu bekannten Zustände zu ändern, habe ich den ersten Deutschen Veteranenverband e.V. gegründet. Der Verband bietet allen ehemaligen Soldaten, Zivilisten und Angehörigen von Staatsbürgern in Uniform ein Forum, um sich auszutauschen und/oder sich zu engagieren.

All den Kameraden, die sich von ihren Mitmenschen unverstanden und ignoriert fühlen, soll der Verband Anlaufstelle sein. Jeder, der reden, jeder, der verstanden werden möchte, soll die Möglichkeit haben, mit unserer Hilfe Betroffenen auf Augenhöhe zu begegnen.

Unser Sozialstaat verfügt über Maschen, durch die nicht wenige Soldaten nach ihrer Rückkehr von einem Einsatz fallen. Viel zu oft wird weder ihre Wehrdienstbeschädigung anerkannt noch treffen sie auf Verständnis bei Ämtern und Behörden, wodurch nicht selten ein Vermeidungsverhalten erzeugt wird. Genau dadurch aber nehmen die Widrigkeiten, egal ob gesundheitlicher oder wirtschaftlicher Natur, nur noch zu.

Der Deutsche Veteranenverband e.V. hat es sich unter anderem zum Ziel gesetzt, eine Änderung des Einsatzweiterverwendungsgesetzes zu erwirken. Dieses Gesetz besagt, dass es jedem Soldaten, der nach dem 1. Dezember 2002 aus einem Einsatz zurückkehrt – egal ob an Körper oder Seele beschädigt –, möglich sein soll, einen Posten bei der Bundeswehr zu erhalten. Was aber ist mit jenen Kameraden, fragen wir, die bereits ab 1992, was ist mit jenen, die bis Dezember 2002 im Auftrag der Bundeswehr ihren Dienst geleistet haben? Diese Soldaten bleiben, wenn sie nicht als wehrdienstbeschädigt eingestuft werden, in den meisten Fällen gänzlich unversorgt. Wir fordern: Die Stichtagsregelung muss aufgehoben werden!

Auch hat sich der Veteranenverband e.V. zum Ziel gesetzt, die Erforschung von Posttraumatischen Belastungsstörungen zu fördern und voranzutreiben; dazu soll das vom Verband veranstaltete jährliche Symposium eine öffentliche Plattform bieten.

Der Verband bemüht sich zudem um den Fortbestand der ersten Selbsthilfegruppe zu PTBS, die sich vor kurzem in Osnabrück formiert hat.

Zusammengefasst lauten die Ziele des Verbandes:

– Änderung des Einsatzweiterverwendungsgesetzes
– Änderung der Stichtagsregelung
– Unterstützung von Kriegsheimkehrern mit einer diagnostizierten Posttraumatischen Belastungsstörung
– Organisation und Zusammenführung ehemaliger Veteranen
– Förderung der Tradition einzelner Verbände und Truppengattungen
– Vernetzung von internationalen Veteranenverbänden
– Förderung der Erforschung Posttraumatischer Belastungsstörungen
– Organisation des jährlichen Symposiums PTBS

Sowohl in den USA als auch in den Niederlanden gibt es Veteranentage, an denen sich ehemalige Soldaten in ihren alten Uniformen zeigen können, ohne sich dafür schämen zu müssen.

Wir Deutschen halten ja etwas von Fortschritt. Können wir dann nicht mal vorwärtsdenken und Soldatenparaden einmal nicht sofort mit dem Dritten Reich in Verbindung bringen?

So möchte ich alle Mitbürger auffordern: Löst euch endlich von dem Zwang, es allen und jedem zu jeder Zeit recht machen zu müssen. Es ist nicht verwerflich, Stolz auf sein Land zu empfinden. Das sage ich als Deutsche und als Kroatin im Herzen, als Erdenbürgerin und Kosmopolitin.

Haltet also inne und seht her, was die Soldaten für dieses Land geleistet haben.

Unsicherheit ist das Produkt aus dem,
was das Herz sich wünscht,
und dem,
was der Verstand
nicht zu leisten vermag.

Epilog

Nachdem Sie, liebe Leserin, lieber Leser, nun meine Geschichte gehört haben und sich vielleicht sogar in der einen oder anderen Situation wiedererkannten, habe ich zum Schluss noch ein wichtiges Anliegen:

Ich möchte alle Menschen, die an einer Posttraumatischen Belastungsstörung leiden, dazu ermutigen, ihre Stimme zu erheben. Wohl weiß ich, dass ihr daran zweifelt, ob ihr überhaupt noch sprechen könnt. Glaubt mir aber: Wenn ihr euch traut, wird die Stimme zu euch zurückkehren. Vielleicht ist es am Anfang noch ein leises Flüstern. Doch mit der Zeit wächst aus dem Flüstern ganz sicher eine durchdringende Stimme.

Die Sprachlosigkeit, in der ihr steckt, kenne ich nur zu gut. Ihr traut euch nichts zu. Ihr habt Angst davor, im entscheidenden Moment nicht die richtigen Worte zu finden, Angst davor, wieder zu versagen. Dabei braucht ihr nur eins – eine Prise Mut. Überlegt mal, was ihr alles *erlebt* und vor allem *überlebt* habt. Bedenkt, wie viel Blut, Schweiß und Tränen euch euer Trauma beschert hat. Gegen all das ist der Schritt, den ich gegangen bin und zu dem auch ihr fähig seid, verschwindend klein. Wenn wir gemeinsam unsere Stimme erheben, kann uns die Welt nicht mehr überhören. Dann kann niemand mehr behaupten, was uns peinigt und quält würden wir ja doch nur übertrieben wahrnehmen.

Es ist absolut inakzeptabel, dass wir über die Umstände schweigen, die aus uns das gemacht haben, was wir heute sind. Wenn ihr eure Stimme gefunden habt, dann lasst uns aus der Stimmenvielfalt einen Chor bilden, der lauter ist als jedes »Stillgestanden!« Ihr seid nicht nichts. Hört auf, euch das einreden zu lassen. Ihr seid nicht mehr dieselben, das stimmt. Ihr werdet nie wieder der Mensch sein, der ihr vor dem Einsatz wart. Findet euch damit ab, sucht, definiert euch neu. Lernt euch kennen, seht nicht nur die Schwächen, sondern auch die Stärken, die aus diesem Trauma erwachsen sind.

»Nichts wird mehr so sein, wie es war, und niemand wird so bleiben, wie er war.« Diese Worte von Curse haben sich in unserem Fall bestätigt. Doch lasst euch nicht erzählen, dass der Mensch, der ihr heute seid, schlechter oder unannehmbarer sei. Eure Freunde, Partner, Eltern sind mit eurer Geschichte überfordert, aber es ist auch nicht ihre Aufgabe, eure Last zu tragen.

Erhebt euch und findet wieder zu der Stärke, die euch in den Einsatz geführt hat. Steht endlich für eure Rechte ein und schweigt nicht länger über das, was euch widerfahren ist!

Die Zahl der Menschen in Deutschland, die offiziell an PTBS leiden, ist eher gering, doch die Dunkelziffer ist enorm. Traut euch, das Dunkel zu verlassen, und schließt euch uns an!

Ihr könnt mich über meine Homepage kontaktieren: www.danielamatijevic.de. So, und nun will ich den letzten Befehl in meinem Leben erteilen. Ich bitte euch inständig: Rührt euch!

Mitten im Nichts
ein großes Vakuum,
das sich für mein Gefühl ausgibt,
ersehne ich das Morgen,
welches Glück und Lachen mir verspricht.
Doch Vorsicht vor zu schnell versprochenem Glück!
Es gibt kein Versprechen,
das nicht schon die Geduld erwiesen hätte,
gebrochen werden zu können!

Dank

Etwas mehr als zehn Jahre sind seit meiner Rückkehr aus dem Kosovo vergangen. Zehn Jahre, in denen ich nicht mehr daran geglaubt habe, jemals wieder Glück zu erfahren …

Ich danke meiner gesamten Familie, speziell meiner Mutter Mara Matijević und meiner Schwester Danica Hackel, dafür, dass sie unendlich viel Geduld mit mir hatten und mir mein Unvermögen verziehen haben. Immer und immer wieder …

Meiner Tante, Ruza Matijević, weil sie im richtigen Moment an mich geglaubt und mich unterstützt hat: Danke für deine Liebe und deinen Stolz auf mich, einen Stolz, der immer präsent und fassbar war – und ist!

Meiner Cousine Diana Suhr für ihren Zuspruch und ihr sonniges Lachen.

Soraya – für dein Licht.

Meiner wundervollen, herzensguten und inspirierenden Lektorin Heike Plauert: Danke für deine Sensibilität, deine Feinfühligkeit und deinen sensationellen Humor, ohne den das Buch nicht so geworden wäre, wie es jetzt vorliegt.

Dem Heyne Verlag dafür, dass er auf mich gesetzt hat und – für mich mit – daran geglaubt hat, dass wir ein gutes Buch schaffen können!

Meinem unglaublich engagierten Agenten Thomas Montasser dafür, dass er immer einen Weg wusste – egal aus welcher Krise und welchem Zweifel.

Thomas und Mariam: Habt unendlichen Dank, auch für die Bücher-Care-Pakete.

Dr. Karl-Heinz Biesold: Sie sind Licht inmitten von so viel Dunkel! Danke!

Frau Dr. Susanne von Garrel für alles, was sie für mich tut und getan hat. Danke, es ist ein gutes und beruhigendes Gefühl, Sie an meiner Seite zu wissen!

Tobias Zick dafür, dass er das Potenzial dieses Buches erkannte und es an den richtigen Mann brachte. Ohne dich, Tobi, wäre dieses Buch nie erschienen!

Meinem lieben Freund Jochen Moss, meinem Lieblings-Jochi, für seine Loyalität und Treue. Baby, you rock!

Meinen Mädels Sandy Leddin, Barbara Leddin und Daniela Glunz für ihre Freundschaft, ihr Talent, ihre Beständigkeit und ihre Verrücktheit. Was wäre ich ohne unsere nächtlichen Skype-Konferenzen? VIVA QUATTRO CALZONES! Yeahyeahyeah!

Der gesamten Heyne-Familie: Ulrich Genzler für seinen Glauben an mich, dem Presseteam um Claudia Limmer, Ute Bierwisch und Doris Schuck für ihr Organisationstalent. Danke!

Meiner Freundin Sonja und ihrem Mann Carsten Tobe, weil sie nie daran gezweifelt haben, dass alles gut wird.

Monika Grothues für ihre Unterstützung, ihr Vertrauen in mein »Talent« und ihren unverwüstlichen Optimismus!

Meiner Redakteurin Angela Troni: Es war eine unglaublich kreative und den Horizont erweiternde Zusammenarbeit mit dir. Jederzeit wieder! Danke, Angela!

Maria Schaupmann – man muss sich nicht immer sehen, um sich nahe zu sein!

Magdalena und Tobias Grewin: Für eure loyale Freundschaft! Ich knutsche den kleinen Grewin, der bei Erscheinen des Buches geboren ist.

Frank Eggen von www.angriff-auf-die-seele.de für seine unermüdliche Unterstützung. Frank, du bist der Motor für so wahnsinnig viele Menschen. Lass dich nicht unterkriegen und schon gar nicht aufhalten!

Uwe Schrader: Sie haben so unglaublich viel in die Wege geleitet und zum Guten gewendet!

Dem Deutschen Veteranenverband e.V. und all seinen Mitgliedern. Danke für euer Engagement und euer Vertrauen darauf, dass wir etwas bewirken werden!

Ulrike Demmer, Dr. Peter Römer, Jana Lange, Michael Kuhrau, Familie Hardinghaus, Janina Fischer, Somkhuan »Gope« Mimuso und dem ganzen Baan-Thai-Team, Alex Kahl, Leon Becker-Detert: Euch allen danke ich für euer Engagement, eure Loyalität und eure Freundschaft. Auf die nächsten zwanzig Jahre!

Und nicht zu vergessen: Jule. Ich liebe dich!

Aber vor allen anderen danke ich meinem Neffen Nikolas Hackel und meiner Nichte Viktoria Hackel dafür, dass sie so sind, wie sie sind. Nämlich wundervoll.

Ihr beide seid meine Inspiration – immer dann, wenn ich mal wieder resigniere. Ich liebe euch über alles …

Ich möchte außerdem jeden grüßen, der sich von diesem Buch angesprochen fühlt, der meine Gefühle nachempfinden kann, der dieselben Bilder kennt …

Haltet durch und teilt euch mit!
Allein ist jeder von uns eine Einzelstimme, zusammen sind wir
ein Chor!

Ich bin gedanklich bei jedem Kameraden, der sich momentan im
Einsatz befindet. Habt keine Angst, laut zu sagen, dass das Leben nicht mehr so ist wie es war ...
Es gibt ein Leben nach dem Einsatz. Ihr müsst es nur wollen
– und finden!

Eure Dani

»Menschen verlassen das Land und kehren zurück
mit Erfahrungen, die auf extreme Weise anders sind
als die ihrer zurückgebliebenen Mitmenschen«
Jonathan Shay[3]

Nachwort

von Oberstarzt Dr. Karl-Heinz Biesold,
Bundeswehrkrankenhaus Hamburg

Daniela Matijević stellte sich im Februar 2000 in unserer Psychiatrischen Ambulanz in Hamburg vor, wo ich sie das erste Mal sah. Sie tat sich deutlich schwer, um Hilfe nachzusuchen, obwohl es ihr damals nicht gutging. Schon längere Zeit quälte sie sich mit ausgeprägten Schlafstörungen, litt unter heftigen Alpträumen von ihrem Kosovo-Einsatz, so dass sie sich gar nicht mehr traute, sich schlafen zu legen. Vor allen Dingen die Erinnerungen an die Kinder, die vor ihren Augen gestorben waren, und an die Leichen, die sie bei den Massengrabaushebungen gesehen hatte, schienen sich in ihr Gehirn eingebrannt zu haben. Nach unserer langen Unterhaltung war ich selbst erschüttert von dem, was die-

---

3 **Jonathan Shay** ist ein amerikanischer Psychiater und Psychotherapeut, der seit 1987 an der »Department of Veteran Affairs Outpatient Clinic« in Boston, Massachusetts, in der Betreuung von Kriegsveteranen arbeitet. In Deutschland ist er durch sein Buch *Achill in Vietnam: Kampftrauma und Persönlichkeitsverlust* bekannt geworden, in dem er Parallelen zwischen dem Vietnamkrieg (1960/65 – 30.04.1975) und dem Trojanischen Krieg (wahrscheinlich 12. oder 13. Jahrhundert v. Chr.) aufzeigt, die belegen, dass Kriege in jedem Zeitalter permanente seelische Zerstörungen bei Individuen und Gesellschaften verursachen.

se junge Frau erlebt hatte, und gleichzeitig voller Respekt für ihre Tapferkeit, all dies ausgehalten zu haben. Sie hatte Schuldgefühle und haderte mit sich selbst, in manchen Situationen versagt zu haben. Ich fand, dass sie sehr streng mit sich selbst war. Mein Angebot, bei uns eine stationäre Traumatherapie zu machen, konnte sie damals nicht annehmen. Zu groß waren vielleicht auch die Ängste vor der therapeutischen Konfrontation mit dem Erlebten. Sie hatte bei einer zuvor durchgeführten »Präventivkur« die Erfahrung gemacht, dass das Sprechen über ihre Erlebnisse zu einer Zunahme ihrer Beschwerden geführt hatte. Ihr Wunsch war es, Gras über die Sache wachsen zu lassen, und sie hoffte, mit ihrer baldigen Entlassung aus dem Dienst bei der Bundeswehr Abstand zu gewinnen. Sie wollte zu dieser Zeit auch keine weiteren Kontakte zu einer Bundeswehreinrichtung, hatte aber gleichzeitig das Gefühl, von Zivilisten erst recht nicht verstanden zu werden. Gerne hätte ich ihr geholfen, war ich doch der Überzeugung, dass die Zeit ihre Wunden nicht heilen könnte. Ihre Geschichte blieb mir nachhaltig in der Erinnerung.

Wir hielten noch eine Zeit sporadisch telefonischen Kontakt, und ich bekam mit, dass Danielas Ausbildungs- und Studienpläne scheiterten, weil es ihr schlechtging. Die Schlafstörungen, die Alpträume und die sich aufdrängenden Erinnerungen blieben, führten zu den üblichen Konzentrations- und manchmal auch Gedächtnisstörungen, so dass an eine Ausbildung nicht zu denken war. Eine Therapie wollte (oder besser: konnte) sie weiterhin nicht machen. Dann verloren wir den Kontakt ...

Mit zunehmenden Einsatzbelastungen und häufiger auftretenden Fällen von PTBS in der Bundeswehr kam es Ende der 2000er Jahre zu einem zunehmenden medialen Interesse an den psychischen Erkrankungen der Soldaten nach Auslandseinsätzen. Phasenweise hatten wir in der Hamburger Klinik wöchentlich Anfragen von Journalisten. So kam auch ein Kontakt mit einem Journalisten des

Magazins *Neon* zustande, der über einen traumatisierten deutschen Soldaten berichten wollte, der als ABC-Abwehr-Soldat während des Irak-Krieges in Kuwait stationiert war. Er bat mich um fachliche Hintergrundinformationen, und auf seine Frage, was deutsche Soldaten so alles in ihren Einsätzen erleben, erzählte ich (ohne Namensnennung) unter anderem, dass eine meiner Patientinnen im Kosovo habe erleben müssen, wie Kinder vor ihren Augen in ein Minenfeld gelaufen und vor ihren Augen zerrissen worden seien. Der Journalist schrieb dieses Beispiel, und Daniela Matijević las seinen Artikel. Sie war ihrerseits davon beeindruckt, dass ich mich so viele Jahre nach unserem ersten Gespräch noch an ihr Schicksal erinnerte. Später erzählte sie mir, dass dies die Initialzündung für die Entstehung ihres Buches gewesen sei.

Sie nahm wieder Kontakt zu mir auf und erzählte mir, dass sie im Laufe der Jahre zahlreiche Therapieversuche unternommen habe, immer noch unter Schlafstörungen, Alpträumen und Intrusionen, vor allem aber unter heftigen chronischen Kopfschmerzen leide. Und sie erzählte mir, dass sie ein Buch über ihre Kosovo-Erlebnisse schreiben wolle. Sie habe mittlerweile das Gefühl, all ihre Erlebnisse aufzuschreiben, würde ihr helfen. Wir sprachen auch über ihre soziale »Versorgungslage«, die damals noch katastrophal war, sich mittlerweile aber glücklicherweise gebessert hat. Daniela berichtete mir über ihre Erfahrungen mit Behörden und Versorgungsämtern und über die »vergessenen Soldaten des Kosovo«. Sie meinte damit die traumatisierten Soldaten, die durch die vom Parlament beschlossene Stichtagsregelung 01.12.2002 für das Einsatzversorgungsgesetz und das Einsatz-Weiterverwendungsgesetz nicht berücksichtigt werden, weil sie bereits 1999/2000 erkrankten. Mittlerweile hatte sie auch in Osnabrück Unterstützung gefunden. Sie organisierte dort mit anderen eine Informationsveranstaltung über Einsatztraumatisierungen von Bundeswehrsoldaten, wo ich über dieses Thema sprach.

Dieses Buch, so hat sie mir mittlerweile klargemacht, ist für sie nicht nur die Möglichkeit, das Erlebte weiterzuverarbeiten, sondern auch Gelegenheit, anderen Soldatinnen und Soldaten, die Ähnliches wie sie erlebt haben, Mut zu machen, sich mit ihrem Schicksal auseinanderzusetzen, vor allem aber auch Gelegenheit, Kontakte zu knüpfen um sich gegenseitig zu stützen.

Wir Traumatherapeuten wissen, dass die Auseinandersetzung mit traumatischen Erlebnissen, das Sprechen oder Schreiben darüber hilfreich sind. Darauf gründen unsere therapeutischen Ansätze. Der Patient muss dazu aber ausreichend stabil sein und auch selbst den Mut haben, diesen schwierigen Schritt zu gehen. Dazu bedarf es einer guten »sozialen Unterstützung«. Das traumatische Erleben können wir im Nachhinein nicht ungeschehen machen, wir können den traumatisierten Menschen aber helfen, es zu verkraften. Danielas Buch zeigt, dass nicht nur ihre Kosovo-Erlebnisse sie belasten, sondern in großem Maße auch die Erfahrungen, die sie nach ihrer Rückkehr aus dem Einsatz hier in Deutschland machen musste. Je länger ich mich auf diesem Gebiet therapeutisch betätige, umso mehr gewinne ich den Eindruck, dass das, was im wahrsten Sinne des Wortes **post**traumatisch (also nachher) geschieht, einen entscheidenden Faktor für die weitere Entwicklung darstellt.

Ich wünsche Daniela viel Erfolg mit diesem Buch, vor allem aber, dass sie weiter genesen möge und ihre Beschwerden im Laufe der Zeit weniger werden – oder vielleicht sogar ganz verschwinden. Dem Buch wünsche ich viele Leser, weil ich glaube, dass es noch zahlreiche andere aktive oder ehemalige Soldatinnen und Soldaten gibt, die ein ähnliches Schicksal haben wie Daniela. Ich hoffe, dass sie vielleicht nach der Lektüre ebenfalls den Mut finden, sich Hilfe zu holen.

✳ ✳ ✳

Seit nunmehr fast zwanzig Jahren nehmen deutsche Bundeswehrsoldaten im Rahmen des erweiterten militärischen Aufgabenspektrums an internationalen friedenssichernden militärischen Einsätzen und UN-Beobachtermissionen teil.

Laut Angaben des Bundesministeriums der Verteidigung waren bisher 278.000 Soldaten im Auslandseinsatz (hier sind »Einsatzfälle« gemeint, also Soldaten, die mehrfach im Einsatz waren, auch mehrfach gezählt). Seit Jahren sind es zirka 7.000 Soldaten, die tagtäglich in den verschiedenen Einsatzregionen Dienst leisten, was bei einer durchschnittlichen Einsatzdauer von sechs Monaten über 20.000 Soldaten pro Jahr ausmacht.

Begonnen haben die Auslandsmissionen 1992/1993 mit dem für die Bundeswehr rein sanitätsdienstlichen UN-Einsatz in Kambodscha (*UNTAC*), wo ein Feldhospital für die insgesamt zirka 20.000 im Land eingesetzten UN-Soldaten und UN-Mitarbeiter in der Hauptstadt Pnom Penh betrieben und auch die einheimische Zivilbevölkerung mitversorgt wurde. Es folgte von März 1993 bis März 1994 der Einsatz zur Unterstützung der friedenschaffenden und -sichernden UN-Operation *UNO-SOM* in Belet Huen/Somalia. Bereits seit 1994 bis zum Ende der Mission 2009 stellte die Bundeswehr ein kleines Kontingent für eine UN-Beobachtermission in Georgien (*UNOMIG*). Bei den immer noch laufenden Einsätzen auf dem Balkan (*SFOR/EUFOR* in Bosnien-Herzegowina seit Dezember 1996 und *KFOR* im Kosovo seit Juni 1999) ist die Bundeswehr zurzeit (Stand Juni 2010) mit insgesamt 1.560 Soldaten vertreten. Den Schwerpunkt des militärischen Engagements im Ausland bildet seit Dezember 2001 der Afghanistan-Einsatz (*ISAF*) – mit derzeit zirka 4.400 Soldaten, die mittlerweile hauptsächlich in der Nordregion in Mazar-e-Sharif im Camp Marmal, in Kunduz und Feyzabad in regionalen Wiederaufbauteams sowie in der Hauptstadt Kabul und in Usbekistan (Flugbasis Termez) eingesetzt sind.

Weitere zirka 650 Soldaten erfüllen ihren Auftrag im Sudan (*UNMIS/UNAMID*), Libanon (*UNIFIL*), Kongo und in Somalia (*EUSEC/EUTM*) und am Horn von Afrika (*OEF/Atalanta*) zur Sicherung der Seewege.

Belastungen im Einsatz

Die friedenssichernden oder -schaffenden internationalen Einsätze im Rahmen von UN-, EU- und NATO-Missionen stellen außergewöhnliche Anforderungen an die Soldaten der Bundeswehr. Sie werden konfrontiert mit Not und Elend, Auswirkungen von Gewalt, Leichen und Verstümmelungen, mit Zerstörung, mit Gefangenschaft, lang dauernder Trennung von zu Hause, dienstlicher Überforderung, aber auch mit Langeweile. Das Gefühl von Ohnmacht und totaler Hilflosigkeit gegenüber den Verhältnissen im Einsatzland ist für sie häufig eine unerträgliche Belastung.

Der politische Auftrag (humanitärer Einsatz) und die persönliche Motivation, helfen zu wollen, können mitunter in deutlichem Gegensatz zu Einstellung und Haltung der Bevölkerung in den Hilfsgebieten stehen. Manchmal werden die Soldaten als Besatzer gesehen, so dass ihnen Ablehnung und Hass entgegenschlagen. Sie können zwischen die Fronten rivalisierender Gruppen geraten oder zum Ziel von Terroranschlägen werden. Sie leben mit dem Risiko, verwundet oder getötet zu werden oder selbst Waffen einsetzen und töten zu müssen.

Auch im Heimatland treffen die Soldaten der Bundeswehr im Freundes- oder Bekanntenkreis oft auf Zweifel, Unverständnis, Gleichgültigkeit, ja Ablehnung ihres Berufes oder Einsatzes. Selbst die Partnerin oder die Familie können manchmal kaum verstehen und akzeptieren, was der Einzelne erlebt und wie sehr ihn dies verändert hat.

Reaktionen auf die Belastungen im Einsatz

Wenn Menschen Extremsituationen erleben, kann es passieren, dass sie bei der Verarbeitung dieser Belastungen völlig überfordert sind. In der Folge können psychische Störungen auftreten, die sich bei anhaltenden Belastungen schleichend oder bei einmaligen Extremerlebnissen akut entwickeln können. Nicht selten treten sie stark verzögert auf und entfalten sich oft erst dann, wenn der Einsatz längst vorbei ist. »Invisible wounds« (Unsichtbare Wunden) – so bezeichnen die amerikanischen Irak-Veteranen die psychischen Veränderungen, die auf das Erleben von Extrembelastungen zurückzuführen sind.

Die Erkrankungsrate der eingesetzten Soldaten an *Posttraumatischen Belastungsstörungen (PTBS)* nach friedensschaffenden (UN-) Einsätzen liegt nach bisher vorliegenden internationalen Untersuchungsergebnissen zwischen 3 % und 8 %, je nach Einsatzland und Einsatzbelastungen. Sie kann bei spezifischen Belastungen merklich höher liegen: Bei den niederländischen UN-Soldaten, die 1995 in Srebrenica/Bosnien-Herzegowina untätig bei dem Massaker an den zirka 8000 bosnischen Muslimen zusehen mussten, gab es 8 % PTBS und 29 % partielle PTBS (behandlungsbedürftige Teilsymptome). Verlässliche aktuelle Zahlen für die Bundeswehr über die Häufigkeit einsatzbedingter psychischer Störungen existieren bisher nicht. Anfang 2010 wurde eine erste Studie begonnen, die die Häufigkeit behandlungsbedürftiger seelischer Erkrankungen bei Soldaten der Bundeswehr untersuchen soll.

Anhand der behandelten Soldaten ist bereits ein deutlicher Anstieg seelischer Erkrankungen in den letzten Jahren festzustellen. Wie viele Soldaten unerkannt erkrankt sind oder sich trotz Erkrankung aus Angst vor Stigmatisierung und Benachteiligung in ihrer beruflichen Karriere nicht melden, ist nicht bekannt und soll durch diese Studie untersucht werden.

Symptome der Posttraumatischen Belastungsstörung

Wiedererinnerung
– Wiederholte aufdrängende Erinnerung oder Wiederinszenierungen der Ereignisse in Gedächtnis (Nachhallerinnerungen, Flashbacks), Tagträumen oder Träumen

Erhöhtes Erregungsniveau
– Zustand erhöhter vegetativer Übererregbarkeit mit Vigilanzsteigerung/übermäßiger Schreckhaftigkeit und Schlaflosigkeit

Rückzug
– Andauerndes Gefühl von Betäubtsein und emotionaler Stumpfheit, Gleichgültigkeit und Teilnahmslosigkeit gegenüber anderen Menschen, Anhedonie (Verlust der Lebensfreude)
– Vermeidung von Aktivitäten und Situationen, die Erinnerungen an das Trauma wachrufen können
– Angst und Depressionen mit Suizidgedanken, Alkoholmissbrauch und Drogenkonsum
– akute Ausbrüche von Angst, Panik, Aggression, ausgelöst durch Erinnerung/Wiederholung des Traumas, sog. *triggern*

Im Zuge von Kampfhandlungen steigen die Erkrankungsraten bei Soldaten deutlich an. So haben Studien der US-Army (Walter Reed Army Institute of Research 2004) an über 6000 Soldaten in Afghanistan und im Irak ergeben, dass nach dem Irak-Einsatz zirka 16,5% und nach dem Afghanistan-Einsatz 11% der US-Soldaten an Depressionen, Angstzuständen oder Posttraumatischen Belastungsstörungen litten. Fast alle Soldaten aus dem Irak-Einsatz wurden selbst Opfer eines bewaffneten Angriffs und mussten Schusswaffen gebrauchen. Viele mussten mitansehen, wie Kameraden schwer verletzt oder gar getötet wurden. Allerdings begaben sich nur gut ein Viertel der Soldaten mit behandlungsbedürftigen psychischen Störungen in fachkundige Betreuung. Sie wollten nicht als weich gelten, fürchteten den Verlust des Vertrauens ihrer Kameraden und der Vorgesetzten und hatten Angst davor, Nachteile in ihrer beuflichen Entwicklung in Kauf nehmen zu müssen. Nur 25% glauben überhaupt nicht an die Wirksamkeit psychotherapeutischer Unterstützung.

Dies ist tragisch, denn es gibt einerseits mittlerweile gut untersuchte Behandlungsmethoden und andererseits gilt als erwiesen, dass es bei nicht behandelten PTBS vermehrt zu dienstlichen Ausfallzeiten, vorzeitigen Dienstunfähigkeiten, zu Scheidungen, Suchtentwicklungen sowie zu sozialer Desintegration kommen kann. Der Dienstherr steht hier also genauso wie bei körperlichen Verletzungen in seiner Fürsorgepflicht.

Psychosoziale Unterstützung im Rahmen der Bundeswehr

Zur frühzeitigen Intervention nach belastenden Ereignissen, die bei der Bundeswehr ja nicht nur im Rahmen der Auslandseinsätze auftreten können, sondern auch bei inländischen Katastrophen (z.B. Helfer beim ICE-Unglück von Eschede), wurden Kriseninterventionsteams (KIT) gebildet, die den Betroffenen psychische »Erste Hilfe« anbieten können.

Die wichtigste stressvorbeugende Maßnahme ist natürlich eine realitätsnahe militärische Vorbereitung auf die Einsätze in der Vorausbildung.

Aber man kann erstens nicht alles üben (z.b. das Ausheben eines Massengrabes) und zweitens ist gute Einsatzvorbereitung nie eine »Schutzimpfung« vor PTBS.

Ein umfassendes psychosoziales Unterstützungskonzept soll sicherstellen, dass durch eine intensive Vorbereitung psychische Belastungen eventuell vermieden, rechtzeitig erkannt und richtig abgebaut werden und ggf. einer adäquaten Behandlung zugeführt werden, so dass selbst bei Auftreten von Posttraumatischen Belastungsstörungen die Prognose für die seelische Gesundheit der Soldaten insgesamt als positiv eingeschätzt werden darf.

Gesetzliche Versorgung

Die Versorgung der Soldaten musste den Einsatzbedingungen angepasst werden. Bundeswehrsoldaten, die während ihrer Dienstzeit eine Gesundheitsschädigung erleiden, können gem. *Soldatenversorgungsgesetz* (SVG) eine *Wehrdienstbeschädigung* (WDB) geltend machen und nach Beendigung des Wehrdienstverhältnisses wegen der WDB-Folgen auf Antrag Versorgung, einschließlich Heilbehandlung, durch das Versorgungsamt erhalten.

Einsatzversorgungsgesetz (EinsatzVG)
Durch das *Gesetz zur Regelung der Versorgung bei besonderen Auslandsverwendungen* vom 21. Dezember 2004 wurde das Versorgungsrecht an die neuen Anforderungen der Auslandseinsätze angepasst. Kernpunkt des Gesetzes ist der Begriff des »Einsatzunfalls«. Dieser umfasst jede gesundheitliche Schädigung, die ein Soldat in den militärischen Auslandseinsätzen (»besondere Verwendung im Ausland«) aufgrund eines Dienstunfalls oder der besonderen Verhältnisse im Einsatzgebiet erleidet. Führt dieser Einsatzunfall zu einem Grad der Schädigung (GdS) von mindestens 50% greift nach dem Ausscheiden aus dem Dienst

die Einsatzversorgung. Die Leistungen, die eine angemessene finanzielle Versorgung sicherstellen sollen, sind im Soldatenversorgungsgesetz aufgeführt.

Einsatz-Weiterverwendungsgesetz (EinsatzWVG)

Betroffene, die eine schwere Schädigung davongetragen haben und weiter am Erwerbsleben teilnehmen wollen, erhalten durch das *Gesetz zur Regelung der Weiterverwendung nach Einsatzunfällen* einen Rechtsanspruch auf Weiterbeschäftigung. Dieses Gesetz gilt nicht nur für Soldaten, sondern auch für Richter, Beamte und Angestellte des Bundes sowie Helfer des Technischen Hilfswerkes, deren Erwerbsfähigkeit durch eine Verletzung während eines Auslandseinsatzes um mindestens 50% gemindert wurde. In einer Schutzzeit zur gesundheitlichen Wiederherstellung können die Einsatzgeschädigten weder gegen ihren Willen entlassen noch in den Ruhestand versetzt werden. Um eine Weiterbeschäftigung beim Bund oder die Eingliederung in das Arbeitsleben möglichst auf Dauer zu sichern, erhalten sie die erforderliche berufliche Qualifizierung. Das Gesetz gilt rückwirkend für alle Einsatzgeschädigten, die ihre Verletzung nach dem 1. Dezember 2002 erlitten haben und noch im Dienst sind. Eine Ausnahme ist im Fall von posttraumatischen Störungen möglich, die erst nach Beendigung des Dienstverhältnisses auftreten.

Diese Stichtagsregelung führt zu einer Ungleichbehandlung der Soldaten, die bei den in den zehn Jahren zuvor bereits durchgeführten Einsätzen gesundheitlich zu Schaden gekommen sind. Dazu gehören auch die »vergessenen Soldaten des Kosovo«, wie sich die Bundeswehr-Veteranen des frühen KFOR-Einsatzes selbst bezeichnen. Sie streben eine parlamentarische Veränderung der Einsatzversorgung an.

Behandlung im Rahmen der Bundeswehr

Aus dem spezifischen militärischen Berufsfeld ergeben sich einige Unterschiede zum zivilen Bereich, die überwiegend aus psychosozialen Gründen zu berücksichtigen sind. Der Soldatenberuf ist mit außergewöhnlichen körperlichen und seelischen Belastungen und Gefahren verbunden und stellt somit erhöhte Anforderungen an die physische und psychische Belastbarkeit und Leistungsfähigkeit. Dies bedeutet, dass sich Störungen in diesem Bereich, z. B. hervorgerufen durch entsprechende Traumatisierungen, gravierend auf die Dienstfähigkeit auswirken können. Aus diesem Grund wird in der sanitätsdienstlichen Versorgung den präventiven Aspekten der Krankheitsverhütung, aber auch der Vorbeugung langer Krankheitsverläufe und Chronifizierung ein hoher Stellenwert beigemessen.

Soldaten bevorzugen in der Regel eine Versorgung in Bundeswehreinrichtungen, da hier die spezifischen Kenntnisse über Einsatzgegebenheiten, Einsatzgefahren und Traumatisierungen sowie über militärische Alltagsanforderungen vorhanden sind. Allerdings verfügt die Bundeswehr derzeit nur noch über vier Bundeswehrkrankenhäuser, in denen eine stationäre Traumatherapie angeboten wird. Eine engmaschige regionalisierte Versorgung in der Nähe der Dienst- und/oder Wohnorte, die gleichzeitig auch ein profundes Erfahrungswissen des militärischen Lebensfeldes einbringen kann, ist somit nicht gewährleistet. Der Aufbau eines flächendeckenden Netzwerkes psychiatrisch-psychotherapeutischer Ambulanzen in Fachsanitätszentren, das mehr Möglichkeiten zur Durchführung ambulanter Psychotherapien durch Bundeswehrärzte ermöglicht, ist dringend erforderlich. Im Zuge der Therapie wird dem Betroffenen zunächst vermittelt, dass es sich bei seiner Störung um eine »*normale Reaktion*« einer »*normalen Person*« auf eine *unnormale, d.h. pathogene Situation* handelt.

Es hat sich in unserer Arbeit mit Soldaten als günstig erwiesen, das Besondere ihrer Berufssituation zu betonen, indem wir aufzeigen, dass der Betroffene seine Traumatisierung gerade deshalb erfahren hat, weil er standhält und handelt, wo viele andere Menschen weglaufen oder gelähmt reagieren. Oft führt dies allein schon zu einer spontanen Entlastung, weil es die quälende Störung in einen positiven, wenn man so will »starken« Zusammenhang einbindet, mit dem sich die Patienten identifizieren, der zu ihrer Identität (»*corporate identity*«) gehört. Dem Aspekt (mangelnder) Fürsorge kommt eine eminent wichtige Bedeutung zu. Jeder Soldat vertraut darauf, dass er von seinem Dienstherrn unterstützt wird, wenn er bei der Ausübung seines Dienstes Schaden nimmt. Wird diese Erwartung enttäuscht, kommt es nicht selten zu tiefer Verbitterung, die die Chronifizierung der PTBS bewirkt. Der Betroffene empfindet seinen Einsatz und damit seine Person als entwertet, reagiert mit Depression, Hass und psychosomatischen Störungen. Zu der Belastung der traumatisierenden Situation addiert sich das bittere Gefühl, verraten worden zu sein (s.a. J. Shay, »Berserkersyndrom« in *Achill in Vietnam*).

Imaginative und Entspannungsverfahren sind zentraler Bestandteil unserer Stabilisierungsarbeit. Sie haben das Ziel, die Verarbeitungskapazität des Patienten zu stützen oder zu verbessern. Hierzu gehören Selbstkontrolltechniken und Entspannungsverfahren (wie z. B. Autogenes Training, Muskelentspannung nach Jacobsen etc.), aber auch imaginativer Ressourcenaufbau.
Die Zahl der PTBS-Fälle steigt im PTBS-Behandlungsschwerpunkt im Bundeswehrkrankenhaus Hamburg seit 1996 stetig an. 1999/2000 war dies fast ausschließlich auf die relativ große Anzahl von Soldaten aus dem Kosovo-Einsatz zurückzuführen, die die Erlebnisse und Eindrücke aus ihrem Einsatz

nicht mehr verarbeiten konnten. Seit 2002 rekrutiert sich der überwiegende Teil der Betroffenen aus den Afghanistan-Kontingenten. Wenn es sich um einmalige Traumatisierungen von Soldaten handelt, bei denen die Konstellationen von Ereignis-, Risiko- und Schutzfaktoren relativ günstig waren, so können die notwendigen therapeutischen Interventionen manchmal relativ schnell zu einer stabilen Distanzierung vom Erlebten führen.

Insgesamt ist es unsere Erfahrung, dass die Behandlung innerhalb einer Bundeswehreinrichtung für die traumatisierten Soldaten und Soldatinnen deutliche Vorteile mit sich bringt. Durch die mögliche Zusammenarbeit mit Angehörigen, Kameraden und Vorgesetzten sowie den Verbindungen zu personalführenden Stellen, bestehen günstige Bedingungen zur beruflichen Wiedereingliederung. Für die Einschätzung der traumatisierenden Auslöser oder Stressbelastungen im Rahmen der Therapie oder zur Begutachtung der Wehrdienstbeschädigung verfügen wir im Bundeswehrkrankenhaus über intensive Kenntnisse des beruflichen Umfeldes der Patienten, nicht zuletzt auch aus eigenen Einsatzerfahrungen heraus.

Unsere Bemühungen zielen darauf, den deutschen Soldaten, die traumatisiert aus dem Einsatz zurückkehren, effektive Hilfe dabei zu leisten, in die »Normalität« zurückzufinden. Die bisherigen Erfahrungen belegen, dass dies möglich ist, wenn die notwendige personelle, materielle und organisatorische Unterstützung gewährleistet wird.

Nähere Informationen und Beratung:
Bundeswehrkrankenhaus Hamburg
Abteilung Psychiatrie und Psychotherapie, Psychotraumatologie
Lesserstraße 180
22049 Hamburg
www.bundeswehrkrankenhaus-hamburg.de